A BEGINNER'S GUIDE TO READING CHINESE

PART 10　第十册

如何区分汉语里的形近字

https://MingMandarin.com/

PREFACE

Listening, speaking, reading, and writing (听说读写, Tīng shuō dú xiě) are the four major components of learning Chinese characters. One of the biggest challenges in learning Mandarin Chinese language, especially for the foreigners, is to be able to remember and distinguish the characters that look similar, however, that are not really the same. These easily confused characters in the Chinese language are known as *Xing Jin Zi* (形近字, Xíng jìn zì). Xing Jin Zi characters refer to several characters with similar shapes and structures that carry different meanings. The collocation of similar characters follows certain rules and has its own characteristics.

The confusing Xing Jin Zi characters can be interpreted in multiple ways. For example, one such case is when the pronunciation of the characters/words are the same (or similar). For example, 食不果腹 (hí bù guǒ fù, have little food to eat) can be mistaken for 食不裹腹 (shí bù guǒ fù, not have enough food to eat); and 粗犷 (cū guǎng, rough; rude; boorish) can be mistaken for 粗旷 (cū kuàng, harsh; rugged).

Another scenario may arise when the characters/words look similar, such as 气概 (qìgài, lofty quality; mettle; spirit; heroic manner) can be mistaken for 气慨 (qì kǎi, mettle); and 辐射 (fú shè, radiation; exposure; radio; beaming) can be mistaken for 幅射 (fú shè, radiation, radiated; radiate).

Well, in order to learn to read and distinguish similar looking Chinese characters correctly, you have to dig those characters deeply.

The current book volume is **Part 10** (第十册, dì shí cè) of the **Reading Chinese** (如何区分汉语里的形近字, Rúhé qūfēn hànyǔ lǐ de xíng jìn zì) series. The books in the Reading Chinese series provide you **hundreds** of frequently used **similar looking** and **easily confused** (形近字) common Chinese characters. For the simplicity of the readers, each volume in this series includes about 100 unique characters and nearly 500 explanatory **words**, **phrases**, and **idioms**. All the characters are explained with relevant words, phrases and idioms. Further, all the characters and their explanations are provided with pinyin, and English interpretations.

I hope you will find the book helpful in your Mandarin endeavors.

https://MingMandarin.com/

You can find free resources for learning Mandarin Chinese on my website:

https://MingMandarin.com/

Do let me know your comments and suggestions. :)

JIA MING WANG

汪佳明

Aug 2021

Copyright Notice

Published 2021

©2021 Jia Ming Wang

All rights reserved.

The right of Jia Ming Wang, to be identified as the author of this work, has been asserted by him in accordance with sections 77 and 78 of the Copyright, Designs and Patents Act 1988.

No part of this book may be reprinted or reproduced or utilized in any form or by any electronic, mechanical, or other means, now known or hereafter invented, including photocopying and recording, or in any information storage or retrieval system, without permission in writing from the publishers.

Portions of this book are works of fiction. Any references to historical events, real people, or real places are used fictitiously. Other names, characters, places and events are products of the author's imagination, and any

https://MingMandarin.com/

resemblances to actual events or places or persons, living or dead, is entirely coincidental.

Portions of this book are works of nonfiction. Certain names and identifying characteristics have been changed.

Trademark notice: Product or corporate names may be trademarks or registered trademarks, and are used only for identification and explanation without intent to infringe.

https://MingMandarin.com/

A BEGINNER'S GUIDE TO READING CHINESE

PART 10　第十册

JIA MING WANG

http://MingMandarin.com/

Acknowledgments

I wish to spread the 5,000-year-old Chinese cultural heritage to all over the world. This book is just one of the logical steps in the same direction. It feels awesome to produce this book after tremendous efforts.

I am eternally thankful to the almighty for enabling me to write and publish this book.

I wish to thank my friends and colleagues whose comments and discussions further helped me enrich the contents of this book.

http://MingMandarin.com/

Contents

PREFACE 2

Copyright Notice 5

Acknowledgments 8

Contents 9

Chapter 1: Similar Looking Characters (1-20) 11

Chapter 2: Similar Looking Characters (21-40) 14

Chapter 3: Similar Looking Characters (41-60) 17

Chapter 4: Similar Looking Characters (61-80) 20

Chapter 5: Similar Looking Characters (81-100)Error! Bookmark not defined.

Chapter 6: Characters, Words, Phrases (1-10) 23

Chapter 7: Characters, Words, Phrases (11-20) 30

Chapter 8: Characters, Words, Phrases (21-30) 36

Chapter 9: Characters, Words, Phrases (31-40) 43

Chapter 10: haracters, Words, Phrases (41-50) 50

Chapter 11: Characters, Words, Phrases (51-60) 57

Chapter 12: Characters, Words, Phrases (61-70) 63

Chapter 13: Characters, Words, Phrases (71-80) 70

Chapter 14: Characters, Words, Phrases (81-90) 77

Chapter 15: Characters, Words, Phrases (91-100) ... 85

Chapter 16: Word List: Characters (1-25) 93

Chapter 17: Word List: Characters (26-50) 97

Chapter 18: Word List: Characters (51-75) 101

http://MingMandarin.com/

Chapter 19: Word List: Characters (76-100) 104
JIA MING WANG 108

Chapter 1: Similar Looking Characters (1-25)

#1.	困	Kùn	Be stranded; be hard pressed	Surround; pin down	Tired; sleepy
#2.	因	Yīn	Follow; carry on	On the basis of; in accordance with; in the light of; because of	Cause; reason; because; for
#3.	难	Nán	Difficult; hard; troublesome	Hardly possible	Put sb. into a difficult position
#4.	摊	Tān	Spread out; fry batter in a thin layer	Share; run up against	Stall; booth; stand
#5.	关	Guān	Turn off	Close; shut; shut in; lock up	Pass; check point; customhouse; turning point or barrier
#6.	送	Sòng	Deliver	Carry	Give as a present; give
#7.	郑	Zhèng	Zheng, a warring state in the Zhou	A surname	Abbreviation of Zhengzhou

			Dynasty		
#8.	掷	Zhì	Throw	Cast	Fling
#9.	美	Měi	Beautiful	Beauty	Pretty; satisfactory; satisfying
#10.	漾	Yàng	Overflow	Ripple	Lakelet; pool; pond
#11.	密	Mì	Secret; density	Close; dense; thick; intimate	Secretly
#12.	秘	Mì	Secret; mysterious	Keep sth. secret; hold sth. back	Secretary; secretly; abstruse
#13.	米	Mǐ	Rice	Shelled or husked seed	Meter
#14.	迷	Mí	Be confused; lose one's way	Get lost; be fascinated by	Fan; enthusiast; fiend; maniac
#15.	咪	Mī	Mew;	Miaow	Smilingly
#16.	眯	Mī	Narrow	Take a nap	Get into one's eyes
#17.	荣	Róng	Grow luxuriantly; flourish; bloom; throw	Flourishing; luxuriant; glorious	Honor; glory; Chinese parasol; flower
#18.	宋	Sòng	Song, a state in the Zhou dynasty	The song dynasty; the song dynasty, one of the southern	The song dynasty, one of the southern dynasties

				dynasties	
#19.	漫	Màn	Overflow	Flood	Brim over; inundate
#20.	曼	Màn	Graceful	Soft and beautiful	Prolonged; long-drawn-out
#21.	慢	Màn	Slow;	Supercilious; rude	Postpone; defer
#22.	家	Jiā	My	Family; household; home; a person or family engaged in a certain trade	Domestic; tame; internal
#23.	琢	Zhuó	Carve	Chisel	Grind
#24.	嫁	Jià	Marry	Shift	Transfer
#25.	像	Xiàng	Likeness; portrait; picture; image	Be like; resemble	Look as if

Chapter 2: Similar Looking Characters (26-50)

#26.	象	Xiàng	Elephant; appearance	Shape; image	Imitate
#27.	豫	Yù	Live in ease and comfort; comfort; hesitate	Pleased; content; happy; comfortable	Short name for Henan; ancient name for Nanchang; excursion
#28.	橡	Xiàng	Oak	Rubber tree	
#29.	貌	Mào	Looks	Appearance	Face; manner
#30.	羊	Yáng	Sheep		
#31.	半	Bàn	Half	In the middle	Halfway; very little
#32.	样	Yàng	Appearance; shape	sample; model	Kind; type
#33.	拌	Bàn	Mix; blend	To mix in	To toss a salad
#34.	伴	Bàn	Companion	Partner	Accompany
#35.	班	Bān	Class; team; shift; duty	A bunch of; a class of	Regularly-run; scheduled; regular; move; deploy
#36.	斑	Bān	Spot; speck; speckle; stripe	Spotted	Motley-colored; striped
#37.	掰	Bāi	Break off	Break off	Sever

			with hands		
#38.	辩	Biàn	Argue	Debate	Dispute
#39.	瓣	Bàn	Petal; clove	Segment; fragment	Piece; section; segment
#40.	融	Róng	Melt; thaw; blend; fuse	Permanent; very bright; current	Fire; broad daylight
#41.	隔	Gé	Partition; separate; be at a distance from	After or at an interval of	Following; next-door
#42.	离	Lí	Leave; part from	Be away from; separate	Li, one of the eight diagrams
#43.	窝	Wō	Nest; den; lair; place	Harbor; shelter; hold in; suppress	Brood; litter
#44.	禽	Qín	Birds	Birds and beasts	
#45.	高	Gāo	Tall; high; above the average	Of a high level or degree	Height; altitude
#46.	嵩	Sōng	High	Lofty	
#47.	蒿	Hāo	Wormwood	Artemisia	
#48.	可	Kě	Can	Can be	Approve
#49.	奇	Qí	Strange; queer; rare; uncommon	Surprise; wonder	Astonish; extremely
#50.	河	Hé	River	The milky	The galaxy;

| | | | | way system | the Huanghe river |

Chapter 3: Similar Looking Characters (51-75)

#51.	司	Sī	Take charge of; attend to	Manage	Department
#52.	伺	Cì	Watch	Await	Wait for
#53.	词	Cí	Speech; statement; lines of play	Ci, a type of classical Chinese poetry, originating in the tang dynasty and fully developed in the song dynasty	
#54.	荷	Hé	Lotus	(Hè) carry on one's shoulder or back	(Hè) burden; responsibility; grateful; obliged
#55.	祠	Cí	Ancestral temple		
#56.	椅	Yǐ	Chair		
#57.	乡	Xiāng	Country	Countryside	Village; rural area
#58.	幺	Yāo	One	Youngest	
#59.	玄	Xuán	Mysterious	Black; dark; unreliable; incredible; untrustworthy	Profound; abstruse
#60.	兹	Zī	This	Now; at present; at this time	Year

#61.	慈	Cí	Kind; loving	Love	Mother
#62.	磁	Cí	Magnetism	Porcelain	China
#63.	员	Yuán	Member	Staff	A person engaged in some field of activity
#64.	圆	Yuán	Round; circular; spherical; tactful	Circle; a coin of fixed value and weight; yuan, the monetary unit of china, equal to 10 Jiao or 100 fen	Make plausible; justify
#65.	谷	Gǔ	Valley; ravine; gorge	Good; kind	Bring up; grow up
#66.	容	Róng	Hold; contain	Permit	Facial expression; appearance; looks
#67.	浴	Yù	Bath	Bathe	
#68.	欲	Yù	Desire; longing	Wish	want; about to
#69.	床	Chuáng	Bed	Couch	Chassis
#70.	厌	Yàn	Be satisfied	Be fed up with	Be bored with; be tired of
#71.	庆	Qìng	Celebrate	Congratulate	Surname (Qing)
#72.	仓	Cāng	Storehouse	warehouse	

#73.	抢	Qiǎng	Rob	Loot	Snatch; grab
#74.	枪	Qiāng	Spear; rifle	Gun; firearm; knock	Substitute for another during tests
#75.	夕	Xī	Sunset	Evening	Night

Chapter 4: Similar Looking Characters (76-100)

#76.	罗	Luō	A net for catching birds; sieve; sifter; screen	Catch birds with a net; spread out; display; collect	A gross; twelve dozen
#77.	梦	Mèng	Dream		
#78.	能	Néng	Ability; capability; skill; energy	Able; capable	Can; be able to; be capable of
#79.	熊	Xióng	Bear	Rebuke	Upbraid; scold
#80.	用	Yòng	Use; employ; apply; need	Expenses; outlay; usefulness; use	Hence; therefore
#81.	甩	Shuǎi	Move backward and forward	Swing	Throw; fling
#82.	拥	Yōng	Hold in one's arms	Embrace	Hug; gather around
#83.	佣	Yōng	Hire	Servant	(Yòng) commission
#84.	角	Jiǎo	Horn; bugle; sth. in the shape of a	Cape; quarter	Jiao, a fractional unit of

http://MingMandarin.com/

			horn		money in china
#85.	通	Tōng	Open; through; logical; coherent	Authority; expert	Open up or clear out by poking or jabbing; poke; jab; lead to
#86.	勇	Yǒng	Brave	Valiant	Courageous
#87.	诵	Sòng	Read aloud	Chant	Recite
#88.	确	Què	True;	Reliable	Authentic; firm
#89.	火	Huǒ	Fire; firearms; ammunition; internal heat	Fiery; flaming; urgent; pressing	Get angry; lose one's temper
#90.	灭	Miè	Go out	Extinguish	Put out; turn off
#91.	灵	Líng	Quick; clever	Bright; effective	Spirit; soul; intelligence; fairy
#92.	伙	Huǒ	Mess; board; meals; partner	Group; crowd; band	Combine; join
#93.	炎	Yán	Scorching	Burning hot	Inflammation
#94.	谈	Tán	Talk; speak	Chat; discuss	Talk; conversation
#95.	淡	Dàn	Lukewarm; thin	Light	Tasteless; weak
#96.	痰	Tán	Phlegm	Sputum	

#97.	毯	Tǎn	Blanket	Carpet	Rug
#98.	焱	Yàn	Spark	Flame	
#99.	燚	Yì	Blaze	To blaze	
#100.	探	Tàn	Try to find out	Explore; sound; call on	Detective; scout; spy
#101.	深	Shēn	Deep; difficult; profound	Thoroughgoing; depth	Very; greatly; deeply
#102.	摩	Mó	Rub	Scrape	Stroke; mull over
#103.	磨	Mó	Rub	Wear	Grind; mull
#104.	魔	Mó	Devil; demon; evil spirit; fiend	Mystic	Mysterious; magic

Chapter 5: Characters, Words, Phrases (1-10)

#1.	#2.	#3.	#4.	#5.	#6.	#7.	#8.	#9.	#10.
困	因	难	摊	关	送	郑	掷	美	漾
Kùn	Yīn	Nán	Tān	Guān	Sòng	Zhèng	Zhì	Měi	Yàng

#1. 困 Kùn Be stranded; be hard pressed

#A. 内外交困 Nèiwàijiāokùn Beset with difficulties both at home and abroad.

#B. 为病所困 Wèi bìng suǒ kùn Be afflicted with illness.

#C. 把敌人困死在据点里 Bǎ dírén kùn sǐ zài jùdiǎn lǐ. Bottle up the enemy in his stronghold.

#D. 困乏 Kùnfá Tired; fatigued.

#E. 你困了就睡吧。 Nǐ kùnle jiù shuì ba. Go to bed if you feel sleepy.

#2. 因 Yīn Follow; carry on

#A. 疗效因人而异。 Liáoxiào yīn rén ér yì. The curative effect varies from person to person.

#B. 他因锅炉爆炸而受伤。 Tā yīn guōlú bàozhà ér shòushāng. He was injured as the result of a boiler explosion.

#C. 因雨，比赛延期了。 Yīn yǔ, bǐsài yánqíle. The game was postponed because of rain.

#D. 近(内; 外)因 Jìn (nèi; wài) yīn. Immediate (internal; external) cause.

#E. 事出有因。 Shìchūyǒuyīn. There is good reason for it.; It is by no means accidental.

#3. 难 Nán Difficult; hard; troublesome

#A. 大难临头 Dànànlíntóu Be faced with imminent disaster.

#B. 多难兴邦 Duō nàn xīng bāng Much distress regenerates a nation.

#C. 逃难 Táonàn. Flee from danger; be a refugee.

#D. 这回把他难住了。 Zhè huí bǎ tā nán zhùle. This puts him in a difficult position.

#E. 这问题一下子把我难住了。 Zhè wèntí yīxià zi bǎ wǒ nán zhùle. The question put me on the spot.

#F. 困难难不倒英雄汉。 Kùnnán nàn bù dǎo yīngxióng hàn. A hero is never put off by difficulties.

#G. 非难 Fēinàn Blame; reproach.

#H. 责难 Zénàn Censure; blame.

#4. 摊 Tān. Spread out; fry batter in a thin layer

#A. 摊开地图 Tān kāi dìtú Spread out a map.

#B. 把问题摊开来解决 Bǎ wèntí tān kāi lái jiějué Bring the issue out into the open and solve it.

#C. 摊鸡蛋 Tān jīdàn Make an omelet.

#D. 摊煎饼 Tān jiānbing Make pancakes.

#E. 摆摊儿 Bǎi tān er Set up a stall.

#F. 收摊儿 Shōutān er Shut up the shop; wind up the day's business.

#G. 水果摊儿 Shuǐguǒ tān er. Fruit stand (stall).

#H. 货摊儿 Huòtān er Booth. #I. 分摊费用 Fēntān fèiyòng Share the expenses.

#J. 摊派他个任务 Tānpài tā gè rènwù Assign him a mission.

#K. 每人摊 20 元钱。 Měi rén tān 20 yuán qián. Each will contribute 20 yuan.

#5. 关 Guān Turn off

#A. 关窗户 Guān chuānghù. Shut the window.

#B. 他随手轻轻地把门关上了。 Tā suíshǒu qīng qīng de bǎmén guānshàngle. He closed the door softly behind him.

#C. 把鸡关在栅栏里 Bǎ jī guān zài zhàlán lǐ Shut the chickens in a pen.

#D. 关进监狱 Guān jìn jiānyù Lock up (in prison); put behind bars.

#E. 别把孩子们成天关在屋里。 Bié bǎ háizimen chéngtiān guān zài wū li. Don't keep the children inside all day.

#F. 他把自己关在房里一整天。 Tā bǎ zìjǐ guān zài fáng lǐ yī zhěng tiān. He locked himself in the room for a whole day.

#G. 关饷 Guān xiǎng Get paid.

#H. 关你什么事。 Guān nǐ shénme shì. Does it concern you; None of your business.

#I. 这不关他的事。 Zhè bù guān tā de shì. That doesn't concern him.

#6. 送 Sòng Deliver

#A. 把客人送到门口 Bǎ kèrén sòng dào ménkǒu. See a guest to the door; walk a guest to the gate.

#B. 到车站送人 Dào chēzhàn sòng rén See sb. Off at the station.

#C. 送孩子上学 Sòng háizi shàngxué Take a child to school; put a child to school.

#D. 送她回家 Sòng tā huí jiā. See her home.

#E. 我送你一段路。 Wǒ sòng nǐ yīduàn lù. Let me walk with you part of the way.

#F. 姐姐送我一本书。 Jiějiě sòng wǒ yī běn shū. My sister gave me a book.

#G. 他给我送了回礼。 Tā gěi wǒ sòngle huílǐ. He sent me a return present.

#H. 他送她一件漂亮的礼物。 Tā sòng tā yī jiàn piàoliang de lǐwù. He gave her a beautiful present.

#7. 郑 Zhèng Zheng, a warring state in the Zhou Dynasty

#A. 郑州 Zhèngzhōu. Zhengzhou (capital of Henan).

#B. 郑重 Zhèngzhòng Serious; solemn; earnest.

#C. 郑重表示　Zhèngzhòng biǎoshì Earnestly declare; solemnly state.

#D. 郑重声明　Zhèngzhòng shēngmíng Solemnly declare.

#E. 态度郑重　Tàidù zhèngzhòng　Be serious in one's attitude.

#8. 掷　Zhì　Throw

#A. 掷骰子　Zhí shǎizi.　Throw a dice; play dice.

#B. 弃掷　Qì zhí　Cast aside; throw away.

#C. 掷手榴弹　Zhì shǒuliúdàn. Throw (fling) a grenade.

#D. 掷骰子　Zhí shǎizi　A fling of the dice.

#E. 掷骰子　Zhí shǎizi.　Play dice; throw dice.

#9. 美　Měi　Beautiful

#A. 她长得挺美，不是吗？　Tā zhǎng dé tǐng měi, bùshì ma?　She's quite pretty, isn't she?

#B. 小姑娘长得真美呀！　Xiǎo gūniáng zhǎng dé zhēnměi ya!　What a beautiful girl!

#C.   这个公园美得无法形容。Zhège gōngyuán měi dé wúfǎ xíngróng.   The park is beautiful beyond description.

#D.   完美   Wánměi   Perfect.

#E.   价廉物美 Jià lián wùměi.   Good and cheap.

#F.   日子过得挺美   Rìziguò dé tǐng měi   Live quite happily.

#G.   南美   Nánměi   South America.

#H.   北美   Běiměi   North America.

#10.   漾   Yàng   Overflow

#A.   漾漾   Yàng yàng   Rippling.

#B.   浮漾   Fú yàng   Float about; drift along.

#C.   荡漾   Dàngyàng   Ripple; undulate; be agitated.

#D.   湖水荡漾。Húshuǐ dàngyàng.   There were ripples on the lake.

#E.   漾奶   Yàng nǎi   Throw up milk (of babies).

http://MingMandarin.com/

Chapter 6: Characters, Words, Phrases (11-20)

#11.	#12.	#13.	#14.	#15.	#16.	#17.	#18.	#19.	#20.
密	秘	米	迷	咪	眯	荣	宋	漫	曼
Mì	Mì	Mǐ	Mí	Mī	Mī	Róng	Sòng	Màn	Màn

#11.   密   Mì   Secret; density

#A.   泄密   Xièmì Let out a secret.

#B.   保密   Bǎomì Keep a secret.

#C.   经密   Jīng mì   Warp density.

#D.   纬密   Wěi mì   Weft density.

#E.   稠密   Chóumì   Dense.

#F.   紧密   Jǐnmì Close; inseparable.

#G.   严密   Yánmì Tight; close.

#12.   秘   Mì   Secret; mysterious

#A.   神秘   Shénmì   Mysterious.

#B.   秘事   Mìshì A secret.

#C.   秘而不宣   Mì'érbùxuān Keep sth. secret; not let anyone into a secret

#D.   一秘   Yī mì   First secretary.

#E.   秘传   Mì chuán   Secretly handed down.

#F.   秘书   Mìshū.   Secretary.

#G.   档案秘书   Dǎng'àn mìshū   Archivist; secretary-archivist.

#H.   机要秘书   Jī yào mìshū   Confidential secretary.

#I.   私人秘书   Sīrén mìshū   Private secretary.

#J.   执行秘书   Zhíxíng mìshū.   Executive secretary.

#13.   米   Mǐ   Rice

#A.   白米   Báimǐ   (Polished) rice.

#B.   糯米   Nuòmǐ Polished glutinous rice.

#C.   小米   Xiǎomǐ   Spiked millet; foxtail millet.

#D.   花生米   Huāshēng mǐ Peanut seed; peanut kernel.

#E.   米价   Mǐ jià   Price of rice.

#14.   迷   Mí   Be confused; lose one's way

#A. 迷了方向　Míle fāngxiàng　Lose one's bearings; get lost.

#B. 当局者迷。　Dāngjúzhěmí.　The player can't see most of the game.

#C. 迷上了溜冰　Mí shàngle liūbīng　Be crazy on (about) skating.

#D. 入了迷　Rùle mí.　Be fascinated; be enchanted.

#E. 被她迷住了　Bèi tā mí zhùle　Be infatuated with her.

#F. 棋迷　Qímí　A chess enthusiast.

#G. 影迷　Yǐngmí　A movie fan; a film fiend.

#H. 财迷　Cáimí　Moneygrubber; miser.

#I. 藏书迷　Cángshū mí　Bibliomaniac.

#15. 咪　Mī　Mew;

#A. 笑咪咪　Xiào mī mī.　Smile; smiling broadly.

#B. 咪咪　Mī mī　Tits (slangs for breasts).

#C. 妈咪　Mā mī　Mummy.

#D. 咪嗪　Mī qín　Tegretol; alomiein.

#E. 咪唑　Mīzuò　Imidazole.

#16. 眯   Mī   Narrow

#A. 眯眼 Mī yǎn Narrow one's eyes.

#B. 眯着眼瞧   Mī zhuóyǎn qiáo   Squint at.

#C. 把眼睛眯成一条缝 Bǎ yǎnjīng mī chéng yītiáo fèng Narrow one's eyes.

#D. 我眯了眼了。   Wǒ mīle yǎnle. Something has got into my eyes.

#E. 眯一眯眼   Mī yī mī yǎn Have a cat nap; take a short nap; get a wink of sleep.

#F. 眯缝 Mīfeng   Narrow.

#G. 眯缝着眼   Mīfeng zhuóyǎn   With eye's narrowed into slits.

#17. 荣 Róng. Grow luxuriantly; flourish; bloom; throw

#A. 春荣冬枯   Chūn róng dōng kū Grow in spring and wither in winter.

#B. 欣欣向荣   Xīnxīnxiàngróng   Flourishing; thriving; growing luxuriantly.

#C. 为人民而死，虽死犹荣！Wéi rénmín ér sǐ, suī sǐ yóu róng! It is a glorious thing to die for the people.

#D. 荣立一等功 Róng lì yī děng gōng Be cited for the first-class meritorious service.

#E. 以艰苦为荣 Yǐ jiānkǔ wéi róng Take pride in working under difficult conditions.

#F. 引以为荣 Yǐn yǐ wéi róng. Take it as an honor.

#18. 宋 Sòng Song, a state in the Zhou dynasty

#A. 宋朝 Sòngcháo. The song dynasty (960-1279).

#B. 宋体 Sòngtǐ. Song typeface; standard typeface of Chinese.

#C. 北宋 Běisòng The northern song or earlier song dynasty.

#D. 南宋 Nánsòng The southern Song Dynasty (1127-1279).

#E. 仿宋 Fǎngsòng. Imitation Song-Dynasty-style typeface.

#19. 漫 Màn Overflow

#A. 漫谈 Màntán Free talks; casual talks.

#B. 漫无限制 Màn wú xiànzhì. Totally without restrictions.

#C. 姑漫应之　Gū màn yīng zhī　Just promise sb. casually.

#D. 红旗漫卷。　Hóngqí mànjuǎn.　Red banners fluttered freely.

#E. 漫天大雪 Màntiān dàxuě. Whirling snow.

#F. 水漫过膝　Shuǐ mànguò xī. Water came up (reached) the knees.

#G. 厨房洗涤槽的水漫到了地板上。Chúfáng xǐdí cáo de shuǐ màn dàole dìbǎn shàng. Water from the kitchen sink overflowed onto the floor.

#H. 河水漫过了堤岸。 Héshuǐ mànguòle dī'àn. The river brimmed over its banks.

#20. 曼　Màn　Graceful

#A. 曼丽　Màn lì Beautiful.

#B. 曼舞　Màn wǔ　Graceful dances.

#C. 曼延　Mànyán　Continuous; drawn-out.

#D. 曼声　Màn shēng　Lengthened sounds.

#E. 曼城　Mànchéng　Manchester City; Man City; Manchester United.

#F. 曼妙　Mànmiào　Lithe and graceful.

Chapter 7: Characters, Words, Phrases (21-30)

#21.	#22.	#23.	#24.	#25.	#26.	#27.	#28.	#29.	#30.
慢	家	琢	嫁	像	象	豫	橡	貌	羊
Màn	Jiā	Zhuó	Jià	Xiàng	Xiàng	Yù	Xiàng	Mào	Yáng

#21. 慢　　Màn　　Slow;

#A. 反应慢　　Fǎnyìng màn　Be slow to react.

#B. 你读得真慢!　Nǐ dú dé zhēn màn! How slow you read!

#C. 他干活很慢。　Tā gàn huó hěn màn. He is very slow at his work.

#D. 我的表慢了 5 钞钟。　Wǒ de biǎo mànle 5 chāo zhōng. My watch is five seconds slower.

#E. 这钟一天慢两分钟。 Zhè zhōng yītiān màn liǎng fēnzhōng. This clock loses two minutes a day.

#F. 傲慢　Àomàn　　Arrogant; haughty.

#G. 怠慢　Dàimàn　　Cold-shoulder; slight.

#H. 言词骄慢 Yáncí jiāomàn. Use arrogant language.

#22. 家 Jiā My

#A. 家事 Jiāshì Family matters; domestic affairs.

#B. 良家少女 Liángjiā shàonǚ. A young girl of good family.

#C. 养家 Yǎngjiā. Support (maintain) one's family.

#D. 张家和王家 Zhāng jiā hé wángjiā The Zhangs and the Wangs; The Zhang Family and the Wang Family.

#E. 不在家 Bù zàijiā Not be in; be out.

#F. 回家 Huí jiā Go home.

#G. 上我家去吧。Shàng wǒjiā qù ba. Come to my place.

#H. 我把这当作我的家。 Wǒ bǎ zhè dàng zuò wǒ de jiā. I look upon this as my home; I regard this as my home.

#23. 琢 Zhuó Carve

#A. 雕琢 Diāozhuó Chisel and carve.

#B.   雕章琢句   Diāo zhāng zhuó jù   Write in ornate style.

#C.   精雕细琢   Jīng diāo xì zhuó   Work at sth. with great care.

#D.   玉不琢，不成器。Yù bù zuó, bùchéngqì. Gems unwrought can do nothing useful.

#E.   琢磨   Zhuómó   Turn sth. over in one's mind; ponder.

#F.   琢磨出个办法 Zhuómó chū gè bànfǎ   Figure out a way.

#G.   琢磨问题   Zhuómó wèntí   Turn a problem over in one's mind.

#24.   嫁   Jià   Marry

#A.   嫁女儿   Jià nǚ'ér.   Marry off a daughter.

#B.   嫁人   Jià rén.   Get married.

#C.   他把女儿嫁给了一个教师。Tā bǎ nǚ'ér jià gěile yīgè jiàoshī. He married his daughter to a teacher.

#D.   不要企图把损失转嫁到顾客头上。   Bùyào qìtú bǎ sǔnshī zhuǎnjià dào gùkè tóu shàng.   Don't try to shift the losses on to the customers.

#E. 嫁奁　Jià lián Dowry.

#F. 嫁妆　Jiàzhuāng　Dowry; trousseau.

#G. 给女儿一份嫁妆　Gěi nǚ'ér yī fèn jiàzhuāng Dower a daughter.

#25. 像　Xiàng　Likeness; portrait; picture; image

#A. 画像　Huàxiàng　Portrait.

#B. 金(铜; 银)像 Jīn (tóng; yín) xiàng　Gold (bronze; silver) statue.

#C. 自由女神像 Zìyóu nǚshén xiàng. The statue of liberty.

#D. 实(虚)像　Shí (xū) xiàng Real (virtual) image.

#E. 姐妹俩长得很像。 Jiěmèi liǎ zhǎng dé hěn xiàng. The two sisters are very much alike.

#F. 她外貌上像她的姐姐，性格上却不同。 Tā wàimào shàng xiàng tā de jiějiě, xìnggé shàng què bùtóng. She resembles her sister in appearance, but not in character.

#G. 这女孩像她母亲。 Zhè nǚhái xiàng tā mǔqīn. The girl takes after her mother.

#26. 象　Xiàng　Elephant; appearance

#A. 非洲 (亚洲)象　　Fēizhōu (yàzhōu) xiàng African (Asian) elephant.

#B. 万象更新。　Wànxiàng gēngxīn. All things take on a new aspect.; everything looks new and fresh.

#C. 象声　Xiàng shēng　Onomatopoeia.

#D. 象人　Xiàng rén　Male figures (artifacts) buried with the dead.

#E. 象山　Xiàngshān　Elephant Mountain; Elephant Hill.

#F. 象形　Xiàngxíng　Pictographic characters or pictographs, e.g. 日 (Rì, sun) and 月 (Yuè, moon).

#27. 豫 Yù. Live in ease and comfort; comfort; hesitate

#A. 豫剧　Yùjù　Henan opera.

#B. 豫园 Yùyuán. Yu garden; the Yu garden; Yuyan garden.

#C. 豫备 Yù bèi. Prepare; preparation; be prepared.

#D. 犹豫　Yóuyù Hesitate; be irresolute.

http://MingMandarin.com/

#E. 犹豫不决　　Yóuyù bù jué Hesitate; dubious; indecisive; irresolute; remain undecided; to poise; to wobble; unable to make up one's mind.

#F. 毫不犹豫　　Háo bù yóuyù　　Without the least hesitation.

#G. 犹犹豫豫　　Yóu yóuyù yù Shilly-shally; hesitant; undecided.

#28. 橡　　Xiàng　Oak

#A.　　橡子　　Xiàng zi　　Acorn.

#B.　　橡塑　　Xiàng sù　　Rubber and plastic.

#C.　　橡木　　Xiàngmù　　Oak wood.

#D. 橡胶树　Xiàngjiāoshù. India rubber tree; rubber tree.

#E.　　橡皮　　Xiàngpí　　Rubber; India-rubber.

#29. 貌　　Mào　Looks

#A.　　面貌　　Miànmào　　Face; features.

#B.　　容貌　　Róngmào　　Appearance; looks.

#C.　　美貌　　Měimào　　Good looks.

#D. 人不可貌相。 Rén bùkě màoxiàng. Never judge people by their appearance.

#E. 全貌 Quánmào Complete picture; full view; general aspects.

#F. 外貌 Wàimào Seeming.

#G. 面貌一新 Miànmào yī xīn Take on (assume) an entirely new aspect.

#30. 羊 Yáng Sheep

#A. 公羊 Gōng yáng Ram.

#B. 绵羊 Miányáng Sheep.

#C. 母羊 Mǔ yáng Ewe.

#D. 肉用羊 Ròu yòng yang. Mutton sheep.

#E. 山羊 Shānyáng Goat.

#F. 小羊 Xiǎo yáng Lamb.

#G. 羊叫 Yáng jiào Baa; bleat.

#H. 一群羊 Yīqún yáng A flock of sheep.

#I. 羊在吃草。 Yáng zài chī cǎo. Sheep are grazing.

Chapter 8: Characters, Words, Phrases (31-40)

#31.	#32.	#33.	#34.	#35.	#36.	#37.	#38.	#39.	#40.
半	样	拌	伴	班	斑	掰	辩	瓣	融
Bàn	Yàng	Bàn	Bàn	Bān	Bān	Bāi	Biàn	Bàn	Róng

#31. 半   Bàn   Half

#A. 半年   Bànnián   Half a year; six months.

#B. 一天半   Yītiān bàn   One and a half days.

#C. 减半   Jiǎn bàn   Reduce by half.

#D. 半山腰   Bàn shānyāo   Halfway up a hill.

#E. 夜半时   Yèbàn shí.   In the middle of the night.

#F. 工作到深更半夜   Gōngzuò dào shēngēngbànyè   Burn the midnight oil.

#G. 一星半点 Yīxīngbàndiǎn.   Very little; a wee bit.

#H. 他连半句话都不说。   Tā lián bàn jù huà dōu bù shuō. He wouldn't breathe a word.

#32. 样   Yàng   Appearance; shape

#A.   货样   Huòyàng   Sample goods; sample.

#B.   校样   Jiàoyàng   Proof sheet.

#C.   取样检验   Qǔyàng jiǎnyàn   Take a sample for examination and test.

#D.   鞋样   Xié yang. Outline of a shoe; shoe pattern.

#E.   别使你的鞋走样。   Bié shǐ nǐ de xié zǒuyàng. Keep your shoes from losing shape.

#F.   该项规划中所有的房屋样儿都差不多。Gāi xiàng guīhuà zhōng suǒyǒu de fángwū yàng er dōu chàbùduō.   All the houses in this project are alike.

#G.   几年没见，他还是那个样儿。   Jǐ nián méi jiàn, tā háishì nàgè yàng er.It's years since I last saw him, but he still looks the same.

#33.   拌   Bàn   Mix; blend

#A.   搅拌   Jiǎobàn   Stir; mix; agitate.

#B.   拌鸡丝   Bàn jī sī.   Shredded chicken salad.

#C.   给牲口拌饲料   Gěi shēngkǒu bàn sìliào   Mix fodder for animals.

http://MingMandarin.com/   44

#D. 往面粉里加牛奶，再拌入 3 个鸡蛋。 Wǎng miànfěn lǐjiā niúnǎi, zài bàn rù 3 gè jīdàn. Add the milk to the flour, and then mix in three eggs.

#E. 拌嘴 Bànzuǐ. Bicker; squabble; quarrel; wrangle.

#F. 为某事与某人拌嘴 Wèi mǒu shì yǔ mǒu rén bànzuǐ Wrangle with sb. over (about) sth.

#G. 拌粉 Bàn fěn Breading.

#34. 伴 Bàn Companion

#A. 旅伴 Lǚbàn Travelling companions.

#B. 舞伴 Wǔbàn Dancing partner.

#C. 结伴而行 Jiébàn ér xíng. Go with sb.; travel in a group.

#D. 我很高兴有她作伴。 Wǒ hěn gāoxìng yǒu tā zuò bàn. I'm glad to have her company.

#E. 陪伴 Péibàn Follow; accompany.

#F. 闪电通常伴有雷声。 Shǎndiàn tōngcháng bàn yǒu léi shēng. Lightning usually accompanies thunder.

#G. 伴唱 Bànchàng Vocal accompaniment; accompany.

#35. 班　　Bān　　Class; team; shift; duty

#A. 甲班　Jiǎ bān　　Class A.

#B. 作业班　　Zuòyè bān　　Work team.

#C. 高级班　　Gāojí bān　　Advanced class.

#D. 轮班　Lúnbān　　On duty by turn.

#E. 值班　ZhíbānOn duty.

#F. 上班　Shàngbān　　Go to work.

#G. 上白(夜)班　Shàng bái (yè) bān　Be on day (night) shift.

#H. 日夜三班倒　Rìyè sān bān dǎo　　Work round the clock in three shifts.

#36. 斑　　Bān　　Spot; speck; speckle; stripe

#A. 红斑　Hóngbān　　Erythema.

#B. 油斑　Yóu bān　　Oil stains; grease spots.

#C. 雀斑　Quèbān　　Freckle.

#D. 窥见一斑　Kuījiàn yībān. See segment of a whole.

#E. 斑鬓　Bān bìn. Grey-headed; grey-templed.

#37.　掰　　Bāi　　Break off with hands

#A.　　掰开蛤蜊　　Bāi kāi gélí　　Break open a clam.

#B.　　掰玉米　　　Bāi yùmǐ　　　Break off corncobs.

#C.　　掰着手数数 Bāi zhuóshǒu shù shù　　Count on one's fingers.

#D.　　掰交情 Bāi jiāoqing. Break off relationships.

#E.　　掰手腕 Bāi shǒuwàn. Arm wrestling; wrist wrestling.

#38.　辩　　Biàn　　Argue

#A.　　分辩　　Fēnbiàn　　Offer an explanation.

#B.　　争辩　　Zhēngbiàn　　Argue.

#C.　　诡辩　　Guǐbiàn　　Quibble.

#D.　　我下次再跟你把这件事辩个明白。　　Wǒ xià cì zài gēn nǐ bǎ zhè jiàn shì biàn gè míngbái. I will have to argue this out with you another time.

#E.　　真理愈辩愈明。 Zhēnlǐ yù biàn yù míng. The more truth is debated, the clearer it becomes.

#39.　瓣　　Bàn　　Petal; clove

#A. 橘子瓣儿 Júzi bàn er. Section of a tangerine.

#B. 蒜瓣儿 Suànbàn er Clove of garlic.

#C. 豆瓣儿 Dòubàn er Segment of beans.

#D. 七棱八瓣儿 Qī léng bā bàn er. Several pieces.

#E. 鳃瓣 Sāi bàn Gill lamella.

#F. 二尖瓣 Èr jiān bàn The bicuspid valve.

#G. 三尖瓣 Sān jiān bàn The tricuspid valve.

#H. 压力瓣 Yālì bàn Pressure clack.

#40. 融 Róng Melt; thaw; blend; fuse

#A. 融入 Róngrù Integrate into.

#B. 明而未融。 Míng ér wèi róng. It has dawned, but it is not yet broad daylight.

#C. 春雪易融。 Chūnxuě yì róng. Spring snow soon melts.

#D. 水乳交融 Shuǐrǔjiāoróng Blend as well as milk and water; be in perfect harmony.

#E. 融化 Rónghuà Melt; thaw; thawing.

#F. 雪已开始融化。 Xuě yǐ kāishǐ rónghuà. The snow is beginning to thaw.

#G.　　有太阳照射时，冰就融化。　Yǒu tàiyáng zhàoshè shí, bīng jiù rónghuà. The ice will melt when the sun shines on it.

Chapter 9: haracters, Words, Phrases (41-50)

#41.	#42.	#43.	#44.	#45.	#46.	#47.	#48.	#49.	#50.
隔	离	窝	禽	高	嵩	蒿	可	奇	河
Gé	Lí	Wō	Qín	Gāo	Sōng	Hāo	Kě	Qí	Hé

#41. 隔　　Gé　　Partition; separate; be at a distance from

#A.　把房屋隔成若干房间　　Bǎ fángwū gé chéng ruògān fángjiān　　Partition a house into rooms.

#B.　朝鲜和中国只隔一条鸭绿江。　　Cháoxiǎn hé zhōngguó zhǐ gé yītiáo yālǜjiāng.　　Korea and China are separated by only the Yalu River.

#C.　相隔很远　　Xiānggé hěn yuǎn　　Be very far away from each other.

#D.　隔了一年我们才得以返回。　　Géle yī nián wǒmen cái déyǐ fǎnhuí.　　An interval of a year elapsed before we were able to return.

#E.　隔四小时服一片。　　Gé sì xiǎoshí fú yīpiàn.　　Take one tablet every four hours.

#F. 你隔些时候再来吧。 Nǐ gé xiē shíhòu zàilái ba. Come again some other time.

#G. 隔日 Gérì The following day.

#H. 隔邻 Gé lín Next-door neighbor.

#42. 离 Lí Leave; part from

#A. 远离家乡 Yuǎnlí jiāxiāng. Go far away from home.

#B. 别离 Biélí Be separated.

#C. 离连赴京 Lí lián fù jīng. Leave Dalian for Beijing.

#D. 她离家已经多年了。Tā lí jiā yǐjīng duōniánle. She's been away from home for many years.

#E. 叛离 Pànlí Rebel; desert and rebel.

#F. 离不开手杖 Lì bù kāi shǒuzhàng Cannot go without a walking stick.

#G. 鱼儿离不开水。 Yú er lì bù kāishuǐ. Fish cannot live without water.

#43. 窝 Wō Nest; den; lair; place

#A. 狗窝 Gǒu wō Kennel; doghouse.

#B. 鸡窝 Jī wō Hencoop; roost.

#C. 蜂窝 Fēngwō Beehive.

#D. 鸟窝 Niǎo wō Bird's nest.

#E. 蚂蚁窝 Mǎyǐ wō Anthill.

#F. 土匪窝 Tǔfěi wō Bandits' den.

#G. 赌窝 Dǔ wō Gambling den.

#44. 禽 Qín Birds

#A. 家禽 Jiāqín (Domestic) fowls; poultry.

#B. 鸣禽 Míngqín Songbirds.

#C. 禽兽 Qínshòu Birds and beasts.

#D. 衣冠禽兽 Yīguānqínshòu A beast in human clothing; brute.

#E. 禽兽行为 Qínshòu xíngwéi Brutish acts; bestial acts.

#F. 禽兽之行 Qínshòu zhī xíng Beastly conduct, especially incest and sodomy.

#45. 高 Gāo Tall; high; above the average

#A. 高山 Gāoshān High mountains.

#B.   高高的烟囱 Gāo gāo de yāncōng. A tall chimney.

#C.   她和她母亲一样高。   Tā hé tā mǔqīn yīyàng gāo.   She is as tall as her mother.

#D.   太阳已经很高了。   Tàiyáng yǐjīng hěn gāole. The sun was already high.

#E.   体温高   Tǐwēn gāo   Run a temperature.

#F.   技高一筹 Jì gāo yīchóu. More skillful than others.

#G.   高标准 Gāo biāozhǔn. Higher standard.

#H.   高风格   Gāo fēnggé   Fine style.

#I.   高难度动作 Gāo nándù dòngzuò. Exceedingly difficult movements; operations of extraordinary difficulty.

#J.   高年级 Gāo niánjí.   Higher (senior) grades.

#46.   嵩   Sōng   High

#A.   嵩山 Sōngshān. Songshan Mountain; Mount Son.

#B.   嵩山少林寺 Sōngshān shàolínsì   Songshan Shaolin Temple; Shaolin Temple.

#C.   龙嵩   Lóng sōng   Tarragon.

#D.　龙嵩叶　　　Lóng sōng yè Tarragon.

#47.　蒿　Hāo　Wormwood

#A.　蒿子　Hāozi　Wormwood; Artemisia.

#B.　蒿草　Hāo cǎo　　Wormwood.

#C.　蒿菜　Hāo cài　　Garland chrysanthemum leaf; tarragon.

#D.　艾蒿　Ài hāo Artemisia argyi; felon herb.

#E.　莪蒿　É hāo Sagebrush.

#48.　可　　Kě　　Can

#A.　可爱　Kě'ài　Lovable.

#B.　可悲　Kěbēi　Lamentable.

#C.　可靠　Kěkào Reliable.

#D.　没有什么可担心的。　　Méiyǒu shé me kě dānxīn de.　There is nothing to worry about.

#E.　不置可否　　Bùzhìkěfǒu. Decline to comment; be noncommittal.

#F. 可供效法。Kě gōng xiàofǎ. It may serve as a model.

#G. 由此可见。 Yóu cǐ kějiàn. Thus it can be seen that.; This proves.

#H. 今秋可望丰收。 Jīnqiū kě wàng fēngshōu. We expect a good harvest this autumn.

#49. 奇 Qí Strange; queer; rare; uncommon

#A. 奇数 Jīshù Odd number.

#B. 五十有奇 Wǔshí yǒu qí Fifty odd (to round a number); just over 50.

#C. 奇事 Qí shì A strange affair; an unusual phenomenon.

#D. 一幅奇景 Yī fú qí jǐng A rare fine view.

#E. 奇冷 Qí lěng. Extremely (exceedingly) cold.

#F. 奇痛 Qí tòng. Unbearably painful.

#50. 河 Hé River

#A. 潮汐河 Cháoxī hé Tidal river.

#B. 大河 Dàhé Very large river.

#C. 国境(内陆)河 Guójìng (nèi lù) hé Boundary (continental) river.

#D. 运河 Yùnhé Canal.

#E.   河外射电源 Hé wài shè diànyuán.
Extragalactic radio source.

#F.   河西 Héxī   West of the Huanghe River.

Chapter 10: Characters, Words, Phrases (51-60)

#51.	#52.	#53.	#54.	#55.	#56.	#57.	#58.	#59.	#60.
司	伺	词	荷	祠	椅	乡	幺	玄	兹
Sī	Cì	Cí	Hé	Cí	Yǐ	Xiāng	Yāo	Xuán	Zī

#51. 司 Sī Take charge of; attend to

#A. 各司其事。 Gè sī qí shì. Each attends his own duties; attend to each one's own duty.

#B. 外交部礼宾司 Wàijiāo bù lǐbīn sī The protocol department of the ministry of foreign affairs.

#C. 司令 Sīlìng Commander; commanding officer.

#D. 总司令 Zǒng sīlìng Commander in chief.

#E. 司仪 Sīyí Master of ceremonies; mistress of ceremonies; compere.

#F. 司徒 Sītú A surname.

#G. 司徒敬子 Sītú jìngzi Situ Jingzi (name).

#52. 伺 Cì Watch #A. 窥伺 Kuīsì Lie in wait for; be on watch for; watch and wait.

#B. 伺候 Cìhòu Wait upon; serve.

#C. 难伺候 Nán cìhòu. Hard to please; fastidious.

#D. 伺服器 Sìfú qì Server.

#E. 伺机 Sìjī Watch for one's chances; await an opportunity.

#53. 词 Cí Speech; statement; lines of play

#A. 开幕词 Kāimù cí Opening speech.

#B. 台词 Táicí Lines of an opera or play.

#C. 各执一词。 Gè zhí yī cí. Each holds to his own statement.

#D. 我说了几句就没词儿了。 Wǒ shuōle jǐ jù jiù méi cí erle. After a few sentences I became tongue-tied.

#E. 贬(褒)义词 Biǎn (bāo) yì cí Derogatory (commendatory) term.

#F. 反义词 Fǎnyìcí Antonym.

#G. 同义词 Tóngyìcí Synonym.

#54. 荷 Hé Lotus

#A. 荷莲 Hé lián Lotus.

#B. 荷叶　Hé yè　Lotus leaf.

#C. 荷叶粉蒸肉　Hé yè fěnzhēngròu　Steamed pork slices with rice flour in lotus leaves.

#D. 荷锄　Hè chú. Carry a hoe on one's shoulder.

#E. 肩负重荷　Jiānfù zhònghé　Shoulder heavy responsibilities.

#F. 请早日示复为荷。　Qǐng zǎorì shì fù wèi hé. An early reply will be appreciated.

#G. 无任感荷。　Wú rèn gǎn hé.　I'll be very much obliged.

#H. 荷兰　Hélán　The Netherlands; Holland.

#55. 祠　Cí　Ancestral temple

#A. 宗祠　Zōngcí Clan hall.

#B. 祠堂　Cítáng Ancestral hall; ancestral temple; memorial temple; clan hall.

#C. 祠庙　Cí miào　Memorial temple.

#56. 椅　Yǐ　Chair

#A. 安乐椅　Ānlè yǐ Easy chair.

#B. 长沙发椅　Zhǎngshā fā yǐ　Divan chair.

#C.　单扶手椅　Dān fúshǒu yǐ　　Tablet chair.

#D.　扶手椅　Fúshǒu yǐ　Armchair.

#E.　柳条椅　Liǔtiáo yǐ　Wicker chair.

#F.　双人椅　Shuāngrén yǐ Double chair.

#G.　藤椅　Téng yǐ　Cane (rattan) chair.

#H.　摇椅　Yáoyǐ Rocking chair.

#57.　乡　Xiāng　Country

#A.　城乡差别　Chéngxiāng chābié　The difference between town and country.

#B.　下乡　Xià xiāng　Go to the countryside.

#C.　回乡　Huí xiāng. Return to one's native place.

#D.　丝绸之乡　Sīchóu zhī xiāng. The home of silk.

#E.　背井离乡 Bèijǐnglíxiāng. Leave one's native place.

#F.　乡长　Xiāng zhǎng　Township head.

#G.　鱼米之乡 Yúmǐzhīxiāng. The land of fish and rice.

#58.　幺　Yāo　One

#A.　幺妹　Yāo mèi　Youngest sister.

#B.   幺麽   Yāo me   Petty; insignificant; paltry.

#C.   幺麽小丑   Yāo me xiǎochǒu   Despicable wretch; a petty low blackguard.

#D.   幺么   Yāo me   Petty; insignificant; paltry.

#59.   玄   Xuán   Mysterious

#A.   玄狐   Xuán hú   A black fox.

#B.   玄玉   Xuán yù   Black jade.

#C.   玄理   Xuánlǐ A profound theory.

#D.   这话太玄了。Zhè huà tài xuánle. That's a pretty tall story.

#E.   玄乎   Xuánhū   Unreliable; incredible.

#F.   玄关   Xuánguān   Entrance; hallway.

#60.   兹   Zī   This

#A.   念兹在兹 Niàn zī zài zī. Always remember this.

#B.   兹事体大。 Zī shì tǐ dà.   This is indeed a serious matter.

#C.   今兹   Jīn zī   This year.

#D.   来兹   Lái zī   The coming year.

#E.   兹订于本周末举行舞会。Zī dìng yú běn zhōumò jǔxíng wǔhuì. This is to announce the ball on the weekend.

#F.   兹将新到书籍开列如下。Zī jiāng xīn dào shūjí kāiliè rúxià.   Below is a list of books recently received.

Chapter 11: Characters, Words, Phrases (61-70)

#61.	#62.	#63.	#64.	#65.	#66.	#67.	#68.	#69.	#70.
慈	磁	员	圆	谷	容	浴	欲	床	厌
Cí	Cí	Yuán	Yuán	Gǔ	Róng	Yù	Yù	Chuáng	Yàn

#61. 慈 Cí Kind; loving

#A. 慈命 Cí mìng Mother's command.

#B. 慈训(诲) Cí xùn (huì) Maternal or parental instructions.

#C. 家慈 Jiā cí My mother.

#D. 令慈 Lìng cí. Your mother.

#E. 敬老慈幼 Jìnglǎo cí yòu Respect the old and love the young.

#F. 心慈 Xīn cí Tenderhearted; kindhearted.

#62. 磁 Cí Magnetism

#A. 地磁 Dìcí Terrestrial magnetism.

#B. 起磁 Qǐ cí Magnetization.

#C. 磁体 Cítǐ Magnetic body; magnet.

#D. 反磁体 Fǎn cítǐ Diamagnetic body.

#E. 顺磁体 Shùn cítǐ Paramagnetic body.

#F. 铁磁体 Tiě cítǐ Ferromagnetic body.

#G. 磁力 Cílì Magnetic force; force on charge.

#63. 员 Yuán Member

#A. 炊事员 Chuīshì yuán Cook.

#B. 教员 Jiàoyuán Teacher.

#C. 人员 Rényuán Personnel.

#D. 售货员 Shòuhuòyuán Shop assistant; salesclerk.

#E. 学员 Xuéyuán Student.

#F. 演员 Yǎnyuán Actor or actress.

#G. 党员 Dǎngyuán Party member.

#H. 工会会员 Gōnghuì huìyuán Member of a trade union.

#I. 团员 Tuányuán League member.

#64. 圆 Yuán Round; circular; spherical; tactful

#A. 圆锯　Yuán jù　　Circular raw.

#B. 圆孔　Yuán kǒng　　A round hole.

#C. 月圆了。　　Yuè yuánle.　The moon is full.

#D. 半圆　Bànyuán　　Semicircle.

#E. 内切圆　　Nèi qiē yuán　Inscribed circle.

#F. 铜圆　Tóng yuán　　Copper coin.

#G. 银圆　Yínyuán　　Silver dollar.

#H. 圆谎　Yuánhuǎng　Patch up a lie.

#I. 自圆其说　　Zìyuánqíshuō Make one's statement consistent; justify oneself.

#65. 谷　Gǔ　Valley; ravine; gorge

#A. 幽谷　Yōugǔ A secluded valley.

#B. 深谷　Shēngǔ. A deep valley; gorge; ravine.

#C. 五谷　Wǔgǔ The five cereals (rice, two kinds of millet, wheat and beans).

#D. 稻谷　Dàogǔ Paddy rice.

#E. 进退维谷　　Jìntuìwéigǔ　Difficult either to advance or draw back; find oneself in a dilemma.

#F. 谷仓 Gǔ cāng. Granary; garner; breadbasket.

#66. 容 Róng Hold; contain

#A. 不容怀疑 Bùróng huáiyí. Admit of no doubt.

#B. 不容歪曲 Bùróng wāiqū. Brook no distortion.

#C. 此事不容耽搁。 Cǐ shì bùróng dāngē. The matter allows of no delay.

#D. 详情容后再告。 Xiángqíng róng hòu zài gào. Permit me to give the details later.

#E. 这是不容争议的。 Zhè shì bùróng zhēngyì de. That admits of no dispute.

#F. 愁容 Chóuróng A worried look; an anxious expression.

#G. 怒容 Nùróng An angry look.

#H. 笑容 Xiàoróng A smiling face.

#I. 市容 Shìróng. The appearance (look) of a city.

#J. 阵容 Zhènróng. Lineup; battle array.

#67. 浴 Yù Bath

#A. 海水浴 Hǎishuǐyù Seawater bath; sea bathing.

#B.　空气浴　　Kōngqì yù　　Air bathing.

#C.　矿泉浴　　Kuàngquán yù　　Spa bathing.

#D.　冷水浴　　Lěngshuǐ yù　Cold bath.

#E.　淋浴　Línyù　Shower bath.

#F.　日光浴　　Rìguāngyù　　Sunbath.

#G.　沙浴　Shā yù　Sand bath.

#H.　温水浴　　Wēnshuǐ yù　Tepid bath.

#I.　蒸气浴　　Zhēngqì yù　　Steam (vapor) bath.

#68.　欲　　Yù　　Desire; longing

#A.　名利欲　Mínglì yù.　Desire for fame and wealth.

#B.　求知欲　　Qiúzhī yù　　Thirst for knowledge.

#C.　食欲　Shíyù　A desire for food; appetite.

#D.　畅所欲言　　Chàngsuǒyùyán　　Pour out all that one wishes to say; speak one's mind freely.

#E.　从心所欲　　Cóngxīnsuǒyù　　To do as one pleases; follow what the heart desires.

#F.　为所欲为　　Wéisuǒyùwéi　Do whatever one likes; act willfully.

#G. 己所不欲，勿施于人。 Jǐ suǒ bù yù, wù shī yú rén. Do not do to others what you would not have them do to you.

#69. 床 Chuáng Bed

#A. 车床 Chēchuáng Lathe.

#B. 河床 Héchuáng Riverbed.

#C. 苗床 Miáochuáng Seedbed.

#D. 单(双)人床 Dān (shuāng) rén chuáng Single (double) bed.

#E. 吊床 Diàochuáng Suspended bed; hammock.

#F. 帆布(折叠)床 Fānbù (zhédié) chuáng Camp (folding) bed.

#G. 小孩床 Xiǎohái chuáng Child's cot; baby's crib.

#H. 卧病在床 Wòbìng zài chuáng Take to one's bed; be laid up in bed.

#I. 上床 Shàng chuáng. To go to bed; to have sex.

#70. 厌 Yàn Be satisfied

#A. 贪得无厌 Tāndéwúyàn Be insatiably greedy.

#B. 不厌其烦　　Bùyànqífán　Not mind taking all the trouble.

#C. 吃厌了　　Chī yànle　Be sick of eating sth.

#D. 看厌了　　Kàn yànle　Have seen more than enough of sth.

#E. 喜新厌旧　　Xǐxīnyànjiù　Love the new and loathe the old; be fickle in affection.

Chapter 12: Characters, Words, Phrases (71-80)

#71.	#72.	#73.	#74.	#75.	#76.	#77.	#78.	#79.	#80.
庆	仓	抢	枪	夕	罗	梦	能	熊	用
Qìng	Cāng	Qiǎng	Qiāng	Xī	Luō	Mèng	Néng	Xióng	Yòng

#71. 庆 Qìng Celebrate

#A. 国庆 Guóqìng National day.

#B. 校庆 Xiàoqìng Anniversary of the founding of a school.

#C. 十年大庆 Shí nián dàqìng The festive occasion of the 10th.

#D. 欢庆 Huān qìng Celebrate joyously.

#E. 庆丰收 Qìng fēngshōu Celebrate a bumper harvest.

#F. 设宴庆寿 Shè yàn qìng shòu Celebrate a birthday by (with) a banquet.

#72. 仓 Cāng Storehouse

#A.   谷仓   Gǔ cāng   Barn; granary.

#B.   天然粮仓   Tiānrán liángcāng   A natural (grand) granary.

#C.   粮食满仓。   Liángshí mǎncāng.   The granary is bursting with grain.

#D.   仓买   Cāng mǎi   Warehouse purchase.

#E.   仓位   Cāngwèi   Storing location; position (amount of securities or volume of capital, which an investor has in hand).

#F.   仓促   Cāngcù   Hasty; hastily; hurried; hurriedly; all of a sudden; in a hurry.

#G.   走得仓促   Zǒu dé cāngcù. Leave in a hurry.

#H.   仓促做出结论   Cāngcù zuò chū jiélùn
Rush to a conclusion; jump to a conclusion.

#I.   仓促而成   Cāngcù ér chéng   Be written (done) in haste.

#J.   仓促而至   Cāngcù ér zhì. Arrive in hot haste.

#73.   抢   Qiǎng Rob

#A.   抢风   Qiǎng fēng   Against the wind.

#B. 呼天抢地　Hūtiānqiāngde. Lament to heaven and knock one's head on earth -- utter cries of anguish.

#C. 抢修　Qiǎngxiū　Rush to repair; do rush repairs; make urgent repairs on.

#D. 抢修房屋　Qiǎngxiū fángwū　Make urgent repairs on houses.

#E. 抢先　Qiǎngxiān　Try to be the first to do sth.; anticipate; beat sb. to it; grab off; do sth. before others have a chance to.

#F. 抢先占领制高点　Qiǎngxiān zhànlǐng zhìgāodiǎn. Compete to occupy a commanding height.

#74. 枪　Qiāng　Spear; rifle

#A. 红缨枪　Hóngyīngqiāng.　Red-tasseled spear.

#B. 投枪　Tóuqiāng　Throwing spear.

#C. 步枪　Bùqiāng　Rifle.

#D. 冲锋枪　Chōngfēngqiāng. Sub-machine gun.

#E. 机枪　Jīqiāng　Machine gun.

#F. 手枪　Shǒuqiāng　Pistol.

#G. 开了一枪　Kāile yī qiāng Fire a shot.

#H.　持枪致敬（口令）!　　Chí qiāng zhìjìng (kǒulìng)!　　Present arms!

#I.　电子枪　　Diànzǐqiāng　Electron gun.

#J.　焊枪　Hànqiāng　　Welding torch.

#75.　夕　　Xī　　Sunset

#A.　除夕　Chúxì　New Year's Eve.

#B.　旦夕　Dànxì　This morning or evening--in a short time.

#C.　这些问题不是一朝一夕能够解决的。　Zhèxiē wèntí bùshì yīzhāoyīxī nénggòu jiějué de.　These problems cannot be solved overnight.

#D.　朝发夕至　Zhāo fā xī zhì　Start at daybreak and arrive at sunset.

#E.　夕阳　Xīyáng　The setting sun.

#F.　夕阳西下。　Xīyáng xī xià.　The sun was bending in the west.

#76.　罗　　Luō　A net for catching birds; sieve; sifter; screen

#A.　罗网　Luówǎng　　Net; trap.

#B. 天罗地网　Tiānluódìwǎng　Nets above and snares below.

#C. 铜丝罗　Tóng sī luō　Copper wire sieve.

#D. 绫罗绸缎 Líng luó chóuduàn. Silks and satins.

#E. 罗雀 Luó què　Catch sparrows with a net.

#F. 罗布 Luóbù Spread out; set out.

#77. 梦　Mèng　Dream

#A. 恶梦　È mèng. Evil (hideous; terrible) dream.

#B. 白日梦　Bái rì mèng　Day (waking) dream.

#C. 详梦　Xiáng mèng　Read a dream.

#D. 梦中　Mèng zhōng　In a dream.

#E. 梦到　Mèng dào　Dream of/about.

#78. 能　Néng　Ability; capability; skill; energy

#A. 电能　Diànnéng　Electric (electrical) energy.

#B. 化学(原子)能　Huàxué (yuánzǐ) néng Chemical (atomic) energy.

#C. 热能　Rènéng　Heat (thermal) energy; thermodynamic power.

#D. 太阳能 Tàiyángnéng Solar energy.

#E. 能人 Néng rén. Able person; man of large caliber.

#F. 他好多了，能下床了。 Tā hǎoduōle, néng xià chuángle. He's much better and can get up now.

#G. 她一分钟能打70个字。 Tā yī fēnzhōng néng dǎ 70 gè zì. She can type 70 words a minute.

#79. 熊 Xióng Bear

#A. 白(黑，棕)熊 Bái (hēi, zōng) xióng Polar (black, brown) bear.

#B. 狗熊 Gǒuxióng Asiatic black bear.

#C. 别老是熊人。 Bié lǎo shì xióng rén. Don't scold too much.

#D. 熊市 Xióngshì Bear market.

#E. 熊抱 Xióng bào Bearhug.

#F. 熊掌 Xióng zhǎng Bear's-paw.

#80. 用 Yòng Use; employ; apply; need

#A. 家用 Jiāyòng. Family (domestic) expenses.

#B. 零用钱 Língyòng qián Pocket (spending) money.

#C.　日用　Rì yòng　　Daily expenses.

#D.　省吃俭用　Shěng chī jiǎn yòng　Save money on food and expenses.

#E.　没用　Méi yòng　　Useless; worthless.

#F.　所学非所用　Suǒ xué fēi suǒyòng　A person's education does not fit him for a certain job.

#G.　物尽其用　Wù jìn qí yòng　　Make the best use of everything.

#H.　有点用　Yǒudiǎn yòng　Be of some use.

#I.　它是极有用的。　Tā shì jí yǒuyòng de. It is of the greatest usefulness.

Chapter 13: Characters, Words, Phrases (81-90)

#81.	#82.	#83.	#84.	#85.	#86.	#87.	#88.	#89.	#90.
甩	拥	佣	角	通	勇	诵	确	火	灭
Shuǎi	Yōng	Yōng	Jiǎo	Tōng	Yǒng	Sòng	Què	Huǒ	Miè

#81.   甩   Shuǎi   Move backward and forward

#A.   甩鞭子   Shuǎi biānzi   Crack a whip.

#B.   甩胳膊   Shuǎi gēbó   Swing one's arms.

#C.   小女孩一跑，辫子就来回甩动。   Xiǎo nǔhái yī pǎo, biànzi jiù láihuí shuǎi dòng. The girl's pigtails swing to and fro as she runs.

#D.   甩手榴弹 Shuǎi shǒuliúdàn. Throw hand grenades.

#E.   甩掉尾巴 Shuǎi diào wěibā. Throw off a pursuer (tail).

#F.　那个罪犯企图甩掉追捕他的警察。Nàgè zuìfàn qìtú shuǎi diào zhuībǔ tā de jǐngchá. The criminal tried to fling off the police.

#G.　她把好了两年的对象给甩了。　Tā bǎ hǎole liǎng nián de duìxiàng gěi shuǎile. She deserted her boyfriend she had dated for two years.

#82.　拥　　Yōng　Hold in one's arms

#A.　拥兵十万　　Yǒng bīng shí wàn　　Have an army of 100,000; 10 thousand mercenaries.

#B.　一拥而入　　Yī yǒng ér rù　Swarm in.

#C.　人群从运动场拥出。　Rénqún cóng yùndòngchǎng yōng chū. The crowds surge out of the sports stadium.

#D.　把孩子紧紧拥在怀里　　Bǎ háizi jǐn jǐn yōng zài huái lǐ. Hug the child tightly.

#E.　病人拥被而坐。Bìngrén yōng bèi ér zuò. The patient sat wrapped in a quilt.

#F.　他喜欢让自己身边拥着有趣的人们。Tā xǐhuān ràng zìjǐ shēnbiān yōngzhe yǒuqù de rénmen. He likes to surround himself with amusing people.

#G. 总统的前后簇拥着一大群人。 Zǒngtǒng de qiánhòu cùyōngzhe yī dàqún rén. The president was escorted by big crowds in front and behind.

#83. 佣　Yōng　Hire

#A. 雇佣　Gùyōng　　Employ; hire.

#B. 女佣　Nǚ yōng　　Woman servant; maid.

#C. 佣金　Yōngjīn　　Commission; brokerage; brokerage charges.

#D. 佣人　Yōng rén　　Servant.

#E. 佣兵　Yōng bīng　　Mercenary soldier.

#84. 角　Jiǎo. Horn; bugle; sth. in the shape of a horn

#A. 鹿角　Lùjiǎo Antler.

#B. 牛角　Niújiǎo　　Ox horn.

#C. 号角　Hàojiǎo　　Bugle.

#D. 非洲之角　Fēizhōu zhī jiǎo. The horn of Africa.

#E. 皂角　Zào jiǎo　　Chinese honey locust.

#F. 好望角　Hǎowàngjiǎo. The Cape of Good Hope.

#G. 墙角　Qiángjiǎo　　Corner (of a wall).

http://MingMandarin.com/

#H.　眼角　Yǎnjiǎo　　Corner of the eye.

#I.　多面角　Duōmiàn jiǎo　Polyhedral angle.

#J.　内(外)角　Nèi (wài) jiǎo.　Interior (exterior) angle.

#K.　锐(钝)角　Ruì (dùn) jiǎo.　Acute (obtuse) angle.

#85.　通　Tōng　Open; through; logical; coherent

#A.　通炉子　Tōng lúzǐ　Poke up the fire.

#B.　通下水道　Tōng xiàshuǐdào　Jab the cleaning rod into a sewer pipe.

#C.　沟通情况　Gōutōng qíngkuàng　Communicate news.

#D.　暗通款曲　Àn tōng kuǎn qū. Send secret messages.

#E.　互通情报　Hùtōng qíngbào　Exchange information.

#F.　互通有无　Hùtōng yǒu wú　Each supplies what the other needs; supply each other's needs.

#G.　通个电话　Tōng gè diànhuà　Phone sb. up; give sb. a ring; call sb. up.

#H.　通名报姓　Tōng míng bào xìng. Tell one's name.

#I. 中国通　Zhōngguó tōng　An old China hand; Sinologue.

#J. 日本通　Rìběn tōng　An expert on Japan.

#K. 万事通　Wànshìtōng　Know-all; Jack of all trades; a master of everything.

#86. 勇　Yǒng　Brave

#A. 勇攀高峰　Yǒng pān gāofēng　Be bold in scaling heights.

#B. 有勇无谋　Yǒu yǒng wú móu　Be brave but not resourceful.

#C. 越战越勇　Yuèzhàn yuè yǒng　One's courage mounts as the battle progresses.

#D. 智勇双全　Zhìyǒng shuāngquán　Have both wisdom and courage.

#E. 勇于创新　Yǒngyú chuàngxīn　Be bold in making innovations; strive to make inventions.

#F. 勇于开拓 Yǒngyú kāità Dare to blaze new trails.

#G. 勇于探索　Yǒngyú tànsuǒ. Dare to explore.

#H. 勇于负责　Yǒngyú fùzé Be brave in shouldering responsibilities.

#I. 勇于改过　Yǒngyú gǎiguò　Be bold enough to reform.

#J. 勇于挑重担 Yǒngyú tiāo zhòngdàn　Dare to take heavy responsibilities.

#K. 勇于自我批评　Yǒngyú zìwǒ pīpíng Have the courage to practice self-criticism.

#87. 诵　Sòng　Read aloud

#A. 朗诵　Lǎngsòng　Read aloud with expression.

#B. 诵读　Sòngdú　Read aloud; chant.

#C. 诵读诗篇　Sòngdú shīpiān　Recite poems.

#D. 默诵　Mòsòng　Read silently.

#E. 传诵　Chuánsòng　Be on everybody's lips; be widely read.

#F. 为世人所传诵 Wèi shìrén suǒ chuánsòng. Be read with admiration by people all over the world.

#88. 确　Què　True;

#A. 千真万确 Qiānzhēn wàn què. Absolutely true.

#B. 确有其事。Què yǒu qí shì.　It's a fact.; it really happened.

#C.　确信　Quèxìn　　　Firmly believe.

#D.　确保　Quèbǎo　　　Ensure; guarantee.

#E.　确保安全生产　Quèbǎo ānquán shēngchǎn　Ensure safety in production.

#F.　确保质量　Quèbǎo zhìliàng. Guarantee quality.

#G.　确保适时播种。　Quèbǎo shìshí bōzhòng. Be sure to do the sowing in good time.

#89.　火　Huǒ　Fire; firearms; ammunition; internal heat

#A.　生火　Shēnghuǒ　　Make a fire.

#B.　微火　Wéi huǒ　　Small fire.

#C.　文火　Wénhuǒ　　Slow (soft) fire.

#D.　这屋里有火。　Zhè wū li yǒu huǒ. There's a fire in the room.

#E.　玩火者必自焚。　Wán huǒ zhě bì zìfén. He who plays with fire gets burned.

#F.　交火　Jiāohuǒ　　Exchange shots.

#G.　停火　Tínghuǒ　　Cease fire.

#H. 他们向敌人开火。 Tāmen xiàng dírén kāihuǒ. They opened fire on the enemy.

#90. 灭　Miè　Go out

#A. 火灭了。 Huǒ mièle. The fire has gone out.

#B. 煤油灯闪了闪就灭了。 Méiyóu dēng shǎnle shǎn jiù mièle. With a flash, the kerosene lamp went out.

#C. 灭灯　Miè dēng　Turn off the light; blow out the lamp.

#D. 扑灭　Pūmiè Extinguish a fire.

#E. 灭顶　Mièdǐng　Be drowned.

#F. 自灭　Zì miè Perish of itself; run its course.

#G. 破灭　Pòmiè Be destroyed.

#H. 灭种　Mièzhǒng　Exterminate an entire race.

#I. 灭蝇　Miè yíng　Kill flies.

#J. 歼灭敌人　Jiānmiè dírén. Annihilate the enemy.

Chapter 14: Characters, Words, Phrases (91-100)

#91.	#92.	#93.	#94.	#95.	#96.	#97.
灵	伙	炎	谈	淡	痰	毯
Líng	Huǒ	Yán	Tán	Dàn	Tán	Tǎn
#98.	#99.	#100.	#101.	#102.	#103.	#104.
焱	燚	探	深	摩	磨	魔
Yàn	Yì	Tàn	Shēn	Mó	Mó	Mó

#91.   灵   Líng   Quick; clever

#A.   失灵   Shīlíng   Be out of order.

#B.   心灵   Xīnlíng   Intelligent; clever.

#C.   嗅觉很灵   Xiùjué hěn líng   Have a keen sense of smell.

#D.   灵效   Líng xiào   Efficacious; effective; miraculous.

#E.   这药不灵。   Zhè yào bù líng.   The drug will not work.

#F. 心灵 Xīnlíng The mind; the soul.

#G. 圣灵 Shènglíng The Holy Spirit.

#H. 灵怪 Língguài Elf; goblin; sprite.

#I. 精灵 Jīnglíng Spirit; demon.

#92. 伙 Huǒ Mess; board; meals; partner

#A. 包伙 Bāo huǒ Get or supply meals at a fixed rate; board.

#B. 在学校入伙 Zài xuéxiào rùhuǒ Board at school.

#C. 合伙 Héhuǒ Enter into partnership.

#D. 中途拆伙 Zhōngtú chāihuǒ Part company halfway.

#E. 一伙强盗 Yī huǒ qiángdào A band of robbers.

#F. 伙买 Huǒ mǎi Club together to buy sth.

#G. 伙着用 Huǒ zheyòng Share in the use of sth.

#93. 炎 Yán Scorching

#A. 炎夏 Yánxià Hot summer.

#B. 肠胃炎 Chángwèi yán. Gastroenteritis; enterogastritis.

#C. 阑尾炎 Lánwěiyán Appendicitis.

#D. 嗓子发炎 Sǎng zǐ fāyán Suffer from an inflammation of the throat.

#E. 炎凉 Yánliáng Hot and cold; change in temperature.

#94. 谈 Tán Talk; speak

#A. 闲谈 Xiántán Chat.

#B. 老生常谈 Lǎoshēngchángtán Platitude.

#C. 无稽之谈 Wújī zhī tán Fantastic talk; silly nonsense.

#D. 同她谈一谈那件事 Tóng tā tán yī tán nà jiàn shì Speak to her about the matter.

#E. 与他谈谈生意. Yǔ tā tán tán shēngyì. Discuss business with him.

#F. 我们一直谈到深夜。 Wǒmen yīzhí tán dào shēnyè. We talked far into the night.

#95. 淡 Dàn Lukewarm; thin

#A. 淡酒 Dàn jiǔ Light wine.

#B. 云淡风轻。 Yún dàn fēng qīng. The clouds are pale and a light breeze is blowing.

#C. 淡黄 Dàn huáng Light yellow.

#D. 淡紫 Dàn zǐ Pale purple; lilac.

#E. 淡格子线 Dàn gézi xiàn Feint lines.

#F. 淡茶 Dàn chá Weak tea.

#G. 淡而无味 Dàn'érwúwèi Tasteless; insipid.

#H. 这个菜太淡。 Zhège cài tài dàn. This dish is not salty enough.

#96. 痰 Tán Phlegm

#A. 痰多 Tán duō Phlegm; copious phlegm.

#B. 痰液 Tán yè Sputum; phlegm; sputa.

#C. 痰盂 Tányú Spittoon; cuspidor.

#D. 痰桶 Tán tǒng Spittoon.

#E. 痰气 Tánqì Mental disorder; apoplexy; stroke.

#97. 毯 Tǎn Blanket

#A. 壁毯 Bìtǎn Tapestry.

#B. 地毯 Dìtǎn Rug; carpet.

#C.   毛毯   Máotǎn   Woolen blanket.

#D.   绒毯   Róng tǎn   Flannelette blanket.

#E.   线毯   Xiàn tǎn   Cotton (thread) blanket.

#98.   焱   Yàn   Spark

#A.   杨焱   Yáng yàn   Yang Yan (name).

#99.   燚   Yì   Blaze

#A.   火炎焱燚   Huǒyán yàn yì.
The increasing intensity of fire.

#100. 探   Tàn   Try to find out

#A.   密探   Mìtàn   Secret agent; spy.

#B.   侦探   Zhēntàn   Detective; spy.

#C.   探路   Tàn lù Explore the way.

#D.   勘探石油   Kāntàn shíyóu   Explore (prospect) for oil.

#E.   试探他人的意图   Shìtàn tārén de yìtú Sound sb. out on (about) a question; feel sb.'s pulse.

#F.   探病号   Tàn bìng hào Visit a sick person.

#101. 深   Shēn   Deep; difficult; profound

http://MingMandarin.com/

#A. 雪深过膝 Xuě shēnguò xī. Knee-deep snow.

#B. 一口深井 Yīkǒu shēnjǐng A deep well.

#C. 进深 15 米的大厅 Jìnshēn 15 mǐ de dàtīng A hall fifteen meters deep.

#D. 林深苔滑。 Línshēntái huá. The forest is thick and the moss is slippery.

#E. 这个池塘深约 5 米。 Zhège chítáng shēn yuē 5 mǐ. The pond is about five meters deep.

#F. 由浅入深 Yóuqiǎn rù shēn From the easy to the difficult.

#G. 那篇文章的含义很深。 Nà piān wénzhāng de hányì hěn shēn. The article implies profound meaning.

#H. 这本书给孩子看太深了。 Zhè běn shū gěi háizi kàn tài shēnle. The book is too difficult for children.

#102. 摩 Mó Rub

#A. 抚摩 Fǔmó Stroke.

#B. 按摩 Ànmó Massage.

#C.   摩天岭   Mótiān lǐng   Mountain ridges scraping the sky.

#D.   揣摩   Chuǎimó   Try to figure out or fathom.

#E.   观摩   Guānmó   Watch and study.

#103. 磨   Mó   Rub

#A.   磨去   Mó qù Rub off (out).

#B.   磨破了嘴皮   Mó pòle zuǐ pí   Talk till one's jaws ache.

#C.   袜子磨破了。   Wàzi mó pòle.   The socks are worn into holes.

#D.   这种布耐磨。   Zhè zhǒng bù nài mó.   The cloth wears well.

#E.   磨镜片   Mó jìngpiàn   Grind a lens.

#F.   磨光玉石   Mó guāng yùshí   Polish a jade.

#G.   磨剪子 Mó jianzi. Grind (sharpen) scissors.

#104. 魔   Mó   Devil; demon; evil spirit; fiend

#A.   恶魔   Èmó   Demon; devil; evil spirit.

#B.   妖魔   Yāomó   Evil spirit; demon.

#C.   病魔   Bìngmó   Serious illness.

#D.   群魔乱舞   Qúnmóluànwǔ   A horde of demons dancing in riotous revelry.

#E.   魔法   Mófǎ. Black magic.

Chapter 15: Word List: Characters (1-25)

1	A	内外交困	Nèiwàijiāokùn	为病所困	Wèi bìng suǒ kùn	把敌人困死在据点里 Bǎ dírén kùn sǐ zài jùdiǎn lǐ	
2	A	疗效因人而异。Liáoxiào yīn rén ér yì.		他因锅炉爆炸而受伤。Tā yīn guōlú bàozhà ér shòushāng.		因雨，比赛延期了。Yīn yǔ, bǐsài yánqíle.	
3	A	大难临头	Dànànlíntóu	多难兴邦	Duō nàn xīng bāng	逃难	Táonàn
4	A	摊开地图	Tān kāi dìtú	把问题摊开来解决 Bǎ wèntí tān kāi lái jiějué		摊鸡蛋	Tān jīdàn
5	A	关窗户	Guān chuānghù	他随手轻轻地把门关上了。Tā suíshǒu qīng qīng de bǎmén guānshàngle.		把鸡关在栅栏里 Bǎ jī guān zài zhàlán lǐ	
6	A	把客人送到门口 Bǎ kèrén sòng dào ménkǒu		到车站送人 Dào chēzhàn sòng rén		送孩子上学	Sòng háizi shàngxué
7	A	郑州	Zhèngzhōu	郑重	Zhèngzhòng	郑重表示	Zhèngzhòng biǎoshì
8	A	掷骰子	Zhí shǎizi	弃掷	Qì zhí	掷手榴弹	Zhì shǒuliúdàn
9	A	她长得挺美，不是吗?Tā zhǎng dé tǐng měi, bùshì ma?		小姑娘长得真美呀! Xiǎo gūniáng zhǎng dé zhēnměi ya!		这个公园美得无法形容。Zhège gōngyuán měi dé wúfǎ xíngróng.	
10	A	漾漾	Yàng yàng	浮漾	Fú yàng	荡漾	Dàngyàng
11	A	泄密	Xièmì	保密	Bǎomì	经密	Jīng mì
12	A	神秘	Shénmì	秘事	Mìshì	秘而不宣	

							Mì'érbùxuān
13	A	白米	Báimǐ	糯米	Nuòmǐ	小米	Xiǎomǐ
14	A	迷了方向	Míle fāngxiàng	当局者迷。	Dāngjúzhěmí.	迷上了溜冰	Mí shàngle liūbīng
15	A	笑咪咪	Xiào mī mī	咪咪	Mī mī	妈咪	Mā mī
16	A	眯眼	Mī yǎn	眯着眼瞧	Mī zhuóyǎn qiáo	把眼睛眯成一条缝	Bǎ yǎnjīng mī chéng yītiáo fèng
17	A	春荣冬枯	Chūn róng dōng kū	欣欣向荣	Xīnxīnxiàngróng	为人民而死，虽死犹荣!	Wéi rénmín ér sǐ, suī sǐ yóu róng!
18	A	宋朝	Sòngcháo	宋体	Sòngtǐ	北宋	Běisòng
19	A	漫谈	Màntán	漫无限制	Màn wú xiànzhì	姑漫应之	Gū màn yīng zhī
20	A	曼丽	Màn lì	曼舞	Màn wǔ	曼延	Mànyán
21	A	反应慢	Fǎnyìng màn	你读得真慢! Nǐ dú dé zhēn màn!		他干活很慢。 Tā gàn huó hěn màn.	
22	A	家事	Jiāshì	良家少女	Liángjiā shàonǚ	养家	Yǎngjiā
23	A	雕琢	Diāozhuó	雕章琢句	Diāo zhāng zhuó jù	精雕细琢	Jīng diāo xì zhuó
24	A	嫁女儿	Jià nǚ'ér	嫁人	Jià rén	他把女儿嫁给了一个教师。 Tā bǎ nǚ'ér jià gěile yīgè jiàoshī.	
25	A	画像	Huàxiàng	金(铜; 银)像 Jīn (tóng; yín) xiàng		自由女神像 Zìyóu nǚshén xiàng	

1	D	困乏	Kùnfá	你困了就睡吧。 Nǐ kùnle jiù shuì ba.	
2	D	近(内; 外)因	Jìn (nèi; wài) yīn	事出有因。 Shìchūyǒuyīn.	

3	D	这回把他难住了。	Zhè huí bǎ tā nán zhùle.	这问题一下子把我难住了。 Zhè wèntí yīxià zi bǎ wǒ nán zhùle.		困难难不倒英雄汉。 Kùnnán nàn bù dǎo yīngxióng hàn.	
4	D	摊煎饼	Tān jiānbing	摆摊儿	Bǎi tān er	收摊儿	Shōutān er
5	D	关进监狱	Guān jìn jiānyù	别把孩子们成天关在屋里。 Bié bǎ háizimen chéngtiān guān zài wū li.		他把自己关在房里一整天。 Tā bǎ zìjǐ guān zài fáng lǐ yī zhěng tiān.	
6	D	送她回家	Sòng tā huí jiā	我送你一段路。 Wǒ sòng nǐ yīduàn lù.		姐姐送我一本书。 Jiějiě sòng wǒ yī běn shū.	
7	D	郑重声明	Zhèngzhòng shēngmíng	态度郑重	Tàidù zhèngzhòng		
8	D	掷骰子	Zhí shǎizi	掷骰子 Zhí shǎizi			
9	D	完美	Wánměi	价廉物美	Jià lián wùměi	日子过得挺美 Rìziguò dé tǐng měi	
10	D	湖水荡漾。	Húshuǐ dàngyàng.	漾奶	Yàng nǎi		
11	D	纬密	Wěi mì	稠密	Chóumì	紧密	Jǐnmì
12	D	一秘	Yī mì	秘传	Mì chuán	秘书	Mìshū
13	D	花生米	Huāshēng mǐ	米价	Mǐ jià		
14	D	入了迷	Rùle mí	被她迷住了 Bèi tā mí zhùle		棋迷	Qímí
15	D	咪嗪	Mī qín	咪唑	Mīzuò		
16	D	我眯了眼了。	Wǒ mīle yǎnle.	眯一眯眼	Mī yī mī yǎn	眯缝	Mīfeng
17	D	荣立一等功	Róng lì yī děng gōng	以艰苦为荣 Yǐ jiānkǔ wéi róng		引以为荣	Yǐn yǐ wéi róng
18	D	南宋	Nánsòng	仿宋	Fǎngsòng		

19	D	红旗漫卷。	Hóngqí mànjuǎn.	漫天大雪	Màntiān dàxuě	水漫过膝	Shuǐ mànguò xī
20	D	曼声	Màn shēng	曼城	Mànchéng	曼妙	Mànmiào
21	D	我的表慢了5钞钟。	Wǒ de biǎo mànle 5 chāo zhōng.	这钟一天慢两分钟。	Zhè zhōng yītiān màn liǎng fēnzhōng.	傲慢	Àomàn
22	D	张家和王家	Zhāng jiā hé wángjiā	不在家	Bù zàijiā	回家	Huí jiā
23	D	玉不琢，不成器。Yù bù zuó, bùchéngqì.		琢磨	Zhuómó	琢磨出个办法 Zhuómó chū gè bànfǎ	
24	D	不要企图把损失转嫁到顾客头上。Bùyào qìtú bǎ sǔnshī zhuǎnjià dào gùkè tóu shàng.		嫁奁	Jià lián	嫁妆	Jiàzhuāng
25	D	实(虚)像	Shí (xū) xiàng	姐妹俩长得很像。Jiěmèi liǎ zhǎng dé hěn xiàng.		她外貌上像她的姐姐，性格上却不同。Tā wàimào shàng xiàng tā de jiějiě, xìnggé shàng què bùtóng.	

Chapter 16: Word List: Characters (26-50)

26	A	非洲 (亚洲)象 Fēizhōu (yàzhōu) xiàng	万象更新。 Wànxiàng gēngxīn.	象声	Xiàng shēng
27	A	豫剧 Yùjù	豫园	Yùyuán	豫备	Yù bèi
28	A	橡子 Xiàng zi	橡塑	Xiàng sù	橡木	Xiàngmù
29	A	面貌 Miànmào	容貌	Róngmào	美貌	Měimào
30	A	公羊 Gōng yáng	绵羊	Miányáng	母羊	Mǔ yáng
31	A	半年 Bànnián	一天半	Yītiān bàn	减半	Jiǎn bàn
32	A	货样 Huòyàng	校样	Jiàoyàng	取样检验	Qǔyàng jiǎnyàn
33	A	搅拌 Jiǎobàn	拌鸡丝	Bàn jī sī	给牲口拌饲料	Gěi shēngkǒu bàn sìliào
34	A	旅伴 Lǚbàn	舞伴	Wǔbàn	结伴而行	Jiébàn ér xíng
35	A	甲班 Jiǎ bān	作业班	Zuòyè bān	高级班	Gāojí bān
36	A	红斑 Hóngbān	油斑	Yóu bān	雀斑	Quèbān
37	A	掰开蛤蜊 Bāi kāi gélí	掰玉米	Bāi yùmǐ	掰着手数数 Bāi zhuóshǒu shù shù	
38	A	分辩 Fēnbiàn	争辩	Zhēngbiàn	诡辩	Guǐbiàn
39	A	橘子瓣儿 Júzi bàn er	蒜瓣儿	Suànbàn er	豆瓣儿	Dòubàn er
40	A	融入 Róngrù	明而未融。 Míng ér wèi róng.	春雪易融。 Chūnxuě yì róng.		
41	A	把房屋隔 Bǎ fángwū	朝鲜和中国只隔一条鸭绿江。	相隔很远	Xiānggé hěn yuǎn

		成若干房间	gé chéng ruògān fángjiān		Cháoxiǎn hé zhōngguó zhǐ gé yītiáo yālùjiāng.		
42	A	远离家乡	Yuǎnlí jiāxiāng	别离	Biélí	离连赴京	Lí lián fù jīng
43	A	狗窝	Gǒu wō	鸡窝	Jī wō	蜂窝	Fēngwō
44	A	家禽	Jiāqín	鸣禽	Míngqín	禽兽	Qínshòu
45	A	高山	Gāoshān	高高的烟囱	Gāo gāo de yāncōng	她和她母亲一样高。	Tā hé tā mǔqīn yīyàng gāo.
46	A	嵩山	Sōngshān	嵩山少林寺	Sōngshān shàolínsì	龙嵩	Lóng sōng
47	A	蒿子	Hāozi	蒿草	Hāo cǎo	蒿菜	Hāo cài
48	A	可爱	Kě'ài	可悲	Kěbēi	可靠	Kěkào
49	A	奇数	Jīshù	五十有奇	Wǔshí yǒu qí	奇事	Qí shì
50	A	潮汐河	Cháoxī hé	大河	Dàhé	国境(内陆)河	Guójìng (nèi lù) hé

26	D	象人	Xiàng rén	象山	Xiàngshān	象形	Xiàngxíng
27	D	犹豫	Yóuyù	犹豫不决	Yóuyù bù jué	毫不犹豫	Háo bù yóuyù
28	D	橡胶树	Xiàngjiāoshù	橡皮	Xiàngpí		
29	D	人不可貌相。Rén bùkě màoxiàng.		全貌	Quánmào	外貌	Wàimào
30	D	肉用羊	Ròu yòng yáng	山羊	Shānyáng	小羊	Xiǎo yáng
31	D	半山腰	Bàn shānyāo	夜半时	Yèbàn shí	工作到深更半夜	Gōngzuò dào shēnggēngbànyè
32	D	鞋样	Xié yàng	别使你的	Bié shǐ nǐ de xié	该项规划中所有的房屋样儿都差不多。	

			鞋走样。	zǒuyàng.		Gāi xiàng guīhuà zhōng suǒyǒu de fángwū yàng er dōu chàbùduō.	
33	D	往面粉里加牛奶，再拌入3个鸡蛋。 Wǎng miànfěn lǐjiā niúnǎi, zài bàn rù 3 gè jīdàn.		拌嘴	Bànzuǐ	为某事与某人拌嘴 Wèi mǒu shì yǔ mǒu rén bànzuǐ	
34	D	我很高兴有她作伴。Wǒ hěn gāoxìng yǒu tā zuò bàn.		陪伴	Péibàn	闪电通常伴有雷声。Shǎndiàn tōngcháng bàn yǒu léi shēng.	
35	D	轮班	Lúnbān	值班	Zhíbān	上班	Shàngbān
36	D	窥见一斑	Kuījiàn yībān	斑鬓	Bān bìn		
37	D	掰交情	Bāi jiāoqing	掰手腕	Bāi shǒuwàn		
38	D	我下次再跟你把这件事辩个明白。Wǒ xià cì zài gēn nǐ bǎ zhè jiàn shì biàn gè míngbái.		真理愈辩愈明。Zhēnlǐ yù biàn yù míng.			
39	D	七棱八瓣儿 Qī léng bā bàn er		鳃瓣	Sāi bàn	二尖瓣	Èr jiān bàn
40	D	水乳交融	Shuǐrǔjiāoróng	融化	Rónghuà	雪已开始融化。Xuě yǐ kāishǐ rónghuà.	
41	D	隔了一年我们才得以返回。Géle yī nián wǒmen cái déyǐ fǎnhuí.		隔四小时服一片。Gé sì xiǎoshí fú yīpiàn.		你隔些时候再来吧。Nǐ gé xiē shíhòu zàilái ba.	
42	D	她离家已经多年了。Tā lí jiā yǐjīng duōniánle.		叛离	Pànlí	离不开手杖 Lì bù kāi shǒuzhàng	
43	D	鸟窝	Niǎo wō	蚂蚁窝	Mǎyǐ wō	土匪窝	Tǔfěi wō
44	D	衣冠	Yīguānqínshòu	禽兽	Qínshòu	禽兽	Qínshòu zhī

				禽兽		行为	xíngwéi	之行	xíng
45	D	太阳已经很高了。Tàiyáng yǐjīng hěn gāole.				体温高	Tǐwēn gāo	技高一筹	Jì gāo yīchóu
46	D	龙嵩叶	Lóng sōng yè						
47	D	艾蒿	Ài hāo			莪蒿	É hāo		
48	D	没有什么可担心的。Méiyǒu shé me kě dānxīn de.				不置可否	Bùzhìkěfǒu	可供效法。Kě gōng xiàofǎ.	
49	D	一幅奇景	Yī fú qí jǐng			奇冷	Qí lěng	奇痛	Qí tòng
50	D	运河	Yùnhé			河外射电源 Hé wài shè diànyuán		河西	Héxī

Chapter 17: Word List: Characters (51-75)

51	A	各司其事。 Gè sī qí shì.	外交部礼宾司 Wàijiāo bù lǐbīn sī		司令	Sīlìng
52	A	窥伺	Kuīsì	伺候	Cìhòu	难伺候	Nán cìhòu
53	A	开幕词	Kāimù cí	台词	Táicí	各执一词。	Gè zhí yī cí.
54	A	荷莲	Hé lián	荷叶	Hé yè	荷叶粉蒸肉	Hé yè fěnzhēngròu
55	A	宗祠	Zōngcí	祠堂	Cítáng	祠庙	Cí miào
56	A	安乐椅	Ānlè yǐ	长沙发椅	Zhǎngshā fā yǐ	单扶手椅	Dān fúshǒu yǐ
57	A	城乡差别	Chéngxiāng chābié	下乡	Xià xiāng	回乡	Huí xiāng
58	A	幺妹	Yāo mèi	幺麽	Yāo me	幺麽小丑	Yāo me xiǎochǒu
59	A	玄狐	Xuán hú	玄玉	Xuán yù	玄理	Xuánlǐ
60	A	念兹在兹	Niàn zī zài zī	兹事体大。 Zī shì tǐ dà.		今兹	Jīn zī
61	A	慈命	Cí mìng	慈训(诲)	Cí xùn (huì)	家慈	Jiā cí
62	A	地磁	Dìcí	起磁	Qǐ cí	磁体	Cítǐ
63	A	炊事员	Chuīshì yuán	教员	Jiàoyuán	人员	Rényuán
64	A	圆锯	Yuán jù	圆孔	Yuán kǒng	月圆了。	Yuè yuánle.
65	A	幽谷	Yōugǔ	深谷	Shēngǔ	五谷	Wǔgǔ
66	A	不容怀疑	Bùróng huáiyí	不容歪曲	Bùróng wāiqū	此事不容耽搁。	Cǐ shì bùróng dāngē.
67	A	海水浴 Hǎishuǐyù		空气浴	Kōngqì yù	矿泉浴 Kuàngquán yù	

http://MingMandarin.com/   101

68	A	名利欲 Mínglì yù		求知欲 Qiúzhī yù		食欲	Shíyù
69	A	车床 Chēchuáng		河床 Héchuáng		苗床	Miáochuáng
70	A	贪得无厌 Tāndéwúyàn		不厌其烦 Bùyànqífán		吃厌了	Chī yànle
71	A	国庆 Guóqìng		校庆 Xiàoqìng		十年大庆 Shí nián dàqìng	
72	A	谷仓 Gǔ cāng		天然粮仓 Tiānrán liángcāng		粮食满仓。Liángshí mǎncāng.	
73	A	抢风 Qiǎng fēng		呼天抢地 Hūtiānqiāngde		抢修	Qiǎngxiū
74	A	红缨枪 Hóngyīngqiāng		投枪 Tóuqiāng		步枪	Bùqiāng
75	A	除夕 Chúxì		旦夕 Dànxì	这些问题不是一朝一夕能够解决的。Zhèxiē wèntí bùshì yīzhāoyīxī nénggòu jiějué de.		

51	D	总司令 Zǒng sīlìng		司仪 Sīyí		司徒 Sītú	
52	D	伺服器 Sìfú qì		伺机	Sìjī		
53	D	我说了几句就没词儿了。Wǒ shuōle jǐ jù jiù méi cí erle.		贬(褒)义词 Biǎn (bāo) yì cí		反义词 Fǎnyìcí	
54	D	荷锄 Hè chú		肩负重荷 Jiānfù zhònghé		请早日示复为荷。Qǐng zǎorì shì fù wèi hé.	
56	D	扶手椅 Fúshǒu yǐ		柳条椅 Liǔtiáo yǐ		双人椅 Shuāngrén yǐ	
57	D	丝绸之乡 Sīchóu zhī xiāng		背井离乡 Bèijǐnglíxiāng		乡长	Xiāng zhǎng
58	D	幺么 Yāo me					
59	D	这话太玄了。Zhè huà tài xuánle.		玄乎	Xuánhū	玄关	Xuánguān
60	D	来兹	Lái zī	兹订于本周末举行舞会。Zī dìng yú		兹将新到书籍开列如下。	

				běn zhōumò jǔxíng wǔhuì.		Zī jiāng xīn dào shūjí kāiliè rúxià.
61	D	令慈	Lìng cí	敬老慈幼 Jìnglǎo cí yòu	心慈	Xīn cí
62	D	反磁体 Fǎn cítǐ		顺磁体 Shùn cítǐ	铁磁体 Tiě cítǐ	
63	D	售货员 Shòuhuòyuán		学员	Xuéyuán	演员	Yǎnyuán
64	D	半圆	Bànyuán	内切圆 Nèi qiē yuán	铜圆	Tóng yuán
65	D	稻谷	Dàogǔ	进退维谷 Jìntuìwéigǔ	谷仓	Gǔ cāng
66	D	详情容后再告。 Xiángqíng róng hòu zài gào.		这是不容争议的。 Zhè shì bùróng zhēngyì de.	愁容	Chóuróng
67	D	冷水浴 Lěngshuǐ yù		淋浴	Línyù	日光浴	Rìguāngyù
68	D	畅所欲言 Chàngsuǒyùyán		从心所欲 Cóngxīnsuǒyù	为所欲为 Wéisuǒyùwéi	
69	D	单(双)人床 Dān (shuāng) rén chuáng		吊床	Diàochuáng	帆布(折叠)床 Fānbù (zhédié) chuáng	
70	D	看厌了 Kàn yànle		喜新厌旧 Xǐxīnyànjiù		
71	D	欢庆	Huān qìng	庆丰收 Qìng fēngshōu	设宴庆寿 Shè yàn qìng shòu	
72	D	仓买 Cāng mǎi		仓位 Cāngwèi	仓促	Cāngcù
73	D	抢修房屋 Qiǎngxiū fángwū		抢先	Qiǎngxiān	抢先占领制高点 Qiǎngxiān zhànlǐng zhìgāodiǎn	
74	D	冲锋枪 Chōngfēngqiāng		机枪 Jīqiāng		手枪	Shǒuqiāng
75	D	朝发夕至 Zhāo fā xī zhì		夕阳 Xīyáng		夕阳西下。 Xīyáng xī xià.	

Chapter 18: Word List: Characters (76-100)

76	A	罗网	Luówǎng	天罗地网	Tiānluódìwǎng	铜丝罗	Tóng sī luō
77	A	恶梦	È mèng	白日梦	Bái rì mèng	详梦	Xiáng mèng
78	A	电能	Diànnéng	化学(原子)能	Huàxué (yuánzǐ) néng	热能	Rènéng
79	A	白(黑,棕)熊	Bái (hēi, zōng) xióng	狗熊	Gǒuxióng	别老是熊人。	Bié lǎo shì xióng rén.
80	A	家用	Jiāyòng	零用钱	Língyòng qián	日用	Rì yòng
81	A	甩鞭子	Shuǎi biānzi	甩胳膊	Shuǎi gēbó	小女孩一跑，辫子就来回甩动。	Xiǎo nǚhái yī pǎo, biànzi jiù láihuí shuǎi dòng.
82	A	拥兵十万	Yǒng bīng shí wàn	一拥而入	Yī yǒng ér rù	人群从运动场拥出。	Rénqún cóng yùndòngchǎng yōng chū.
83	A	雇佣	Gùyōng	女佣	Nǚ yōng	佣金	Yōngjīn
84	A	鹿角	Lùjiǎo	牛角	Niújiǎo	号角	Hàojiǎo
85	A	通炉子	Tōng lúzǐ	通下水道	Tōng xiàshuǐdào	沟通情况	Gōutōng qíngkuàng
86	A	勇攀高峰	Yǒng pān gāofēng	有勇无谋	Yǒu yǒng wú móu	越战越勇	Yuèzhàn yuè yǒng
87	A	朗诵	Lǎngsòng	诵读	Sòngdú	诵读诗篇	Sòngdú shīpiān
88	A	千真	Qiānzhēn	确有	Què yǒu qí shì.	确信	Quèxìn

		万确	wàn què	其其事。			
89	A	生火	Shēnghuǒ	微火	Wéi huǒ	文火	Wénhuǒ
90	A	火灭了。	Huǒ mièle.	煤油灯闪了闪就灭了。 Méiyóu dēng shǎnle shǎn jiù mièle.		灭灯	Miè dēng
91	A	失灵	Shīlíng	心灵	Xīnlíng	嗅觉很灵	Xiùjué hěn líng
92	A	包伙	Bāo huǒ	在学校入伙 Zài xuéxiào rùhuǒ		合伙	Héhuǒ
93	A	炎夏	Yánxià	肠胃炎	Chángwèi yán	阑尾炎	Lánwěiyán
94	A	闲谈	Xiántán	老生常谈	Lǎoshēngchángtán	无稽之谈	Wújī zhī tán
95	A	淡酒	Dàn jiǔ	云淡风轻。	Yún dàn fēng qīng.	淡黄	Dàn huáng
96	A	痰多	Tán duō	痰液	Tán yè	痰盂	Tányú
97	A	壁毯	Bìtǎn	地毯	Dìtǎn	毛毯	Máotǎn
98	A	杨焱	Yáng yàn				
99	A	火炎焱燚 Huǒyán yàn yì					
100	A	密探	Mìtàn	侦探	Zhēntàn	探路	Tàn lù
101	A	雪深过膝 Xuě shēnguò xī		一口深井	Yīkǒu shēnjǐng	进深15米的大厅 Jìnshēn 15 mǐ de dàtīng	
102	A	抚摩	Fǔmó	按摩	Ànmó	摩天岭	Mótiān lǐng
103	A	磨去	Mó qù	磨破了嘴皮 Mó pòle zuǐ pí		袜子磨破了。 Wàzi mó pòle.	
104	A	恶魔	Èmó	妖魔	Yāomó	病魔	Bìngmó

76	D	绫罗绸缎	Líng luó chóuduàn	罗雀	Luó què	罗布	Luóbù
77	D	梦中	Mèng zhōng	梦到	Mèng dào		

#							
78	D	太阳能	Tàiyángnéng	能人	Néng rén	他好多了，能下床了。Tā hǎoduōle, néng xià chuángle.	
79	D	熊市	Xióngshì	熊抱	Xióng bào	熊掌	Xióng zhǎng
80	D	省吃俭用	Shěng chī jiǎn yòng	没用	Méi yòng	所学非所用 Suǒ xué fēi suǒyòng	
81	D	甩手榴弹	Shuǎi shǒuliúdàn	甩掉尾巴	Shuǎi diào wěibā	那个罪犯企图甩掉追捕他的警察。Nàgè zuìfàn qìtú shuǎi diào zhuībǔ tā de jǐngchá.	
82	D	把孩子紧紧拥在怀里 Bǎ háizi jǐn jǐn yōng zài huái lǐ		病人拥被而坐。Bìngrén yōng bèi ér zuò.		他喜欢让自己身边拥着有趣的人们。Tā xǐhuān ràng zìjǐ shēnbiān yōngzhe yǒuqù de rénmen.	
83	D	佣人	Yōng rén	佣兵	Yōng bīng		
84	D	非洲之角	Fēizhōu zhī jiǎo	皂角	Zào jiǎo	好望角	Hǎowàngjiǎo
85	D	暗通款曲	Àn tōng kuǎn qū	互通情报	Hùtōng qíngbào	互通有无	Hùtōng yǒu wú
86	D	智勇双全	Zhìyǒng shuāngquán	勇于创新	Yǒngyú chuàngxīn	勇于开拓	Yǒngyú kāità
87	D	默诵	Mòsòng	传诵	Chuánsòng	为世人所传诵	Wèi shìrén suǒ chuánsòng
88	D	确保	Quèbǎo	确保安全生产	Quèbǎo ānquán shēngchǎn	确保质量	Quèbǎo zhìliàng
89	D	这屋里有火。	Zhè wū li yǒu huǒ.	玩火者必自焚。Wán huǒ zhě bì zìfén.		交火	Jiāohuǒ
90	D	扑灭	Pūmiè	灭顶	Mièdǐng	自灭	Zì miè
91	D	灵效	Líng xiào	这药不	Zhè yào bù líng.	心灵	Xīnlíng

				灵。			
92	D	中途拆伙	Zhōngtú chāihuǒ	一伙强盗	Yī huǒ qiángdào	伙买	Huǒ mǎi
93	D	嗓子发炎	Sǎng zǐ fāyán	炎凉	Yánliáng		
94	D	同她谈一谈那件事 Tóng tā tán yī tán nà jiàn shì		与他谈谈生意	Yǔ tā tán tán shēngyì	我们一直谈到深夜。Wǒmen yīzhí tán dào shēnyè.	
95	D	淡紫	Dàn zǐ	淡格子线	Dàn gézi xiàn	淡茶	Dàn chá
96	D	痰桶	Tán tǒng	痰气	Tánqì		
97	D	绒毯	Róng tǎn	线毯	Xiàn tǎn		
100	D	勘探石油	Kāntàn shíyóu	试探他人的意图 Shìtàn tārén de yìtú		探病号	Tàn bìng hào
101	D	林深苔滑。 Línshēntái huá.		这个池塘深约5米。Zhège chítáng shēn yuē 5 mǐ.		由浅入深	Yóuqiǎn rù shēn
102	D	揣摩	Chuǎimó	观摩	Guānmó		
103	D	这种布耐磨。 Zhè zhǒng bù nài mó.		磨镜片	Mó jìngpiàn	磨光玉石	Mó guāng yùshí
104	D	群魔乱舞	Qúnmóluànwǔ	魔法	Mófǎ		

JIA MING WANG

http://MingMandarin.com/

www.ingramcontent.com/pod-product-compliance
Lightning Source LLC
Chambersburg PA
CBHW071501070526
44578CB00001B/411